中国传统文化的价值研究

何婉依 著

吉林出版集团股份有限公司
全国百佳图书出版单位

图书在版编目（CIP）数据

中国传统文化的价值研究 / 何婉依著 . -- 长春：吉林出版集团股份有限公司 , 2023.3
ISBN 978-7-5731-3097-6

Ⅰ . ①中… Ⅱ . ①何… Ⅲ . ①中华文化 – 价值论 – 研究 Ⅳ . ① K203

中国国家版本馆 CIP 数据核字 (2023) 第 048605 号

中国传统文化的价值研究
ZHONGGUO CHUANTONG WENHUA DE JIAZHI YANJIU

著　　者	何婉依
责任编辑	宋巧玲
封面设计	李　伟
开　　本	710mm×1000mm　　1/16
字　　数	168 千
印　　张	11.25
版　　次	2024 年 3 月第 1 版
印　　次	2024 年 3 月第 1 次印刷
印　　刷	天津和萱印刷有限公司

出　　版	吉林出版集团股份有限公司
发　　行	吉林出版集团股份有限公司
地　　址	吉林省长春市福祉大路 5788 号
邮　　编	130000
电　　话	0431-81629968
邮　　箱	11915286@qq.com
书　　号	ISBN 978-7-5731-3097-6
定　　价	69.00 元

版权所有　翻印必究

作者简介

何婉依，女，1994年8月生，河南省三门峡市人，硕士毕业于西安电子科技大学，专业为马克思主义基本原理，现为陕西师范大学马克思主义学院博士，研究方向为思想政治教育理论与实践研究。公开发表学术论文5篇；参与西安市社会科学规划基金课题《西安市铁腕治霾效果及对策研究》（项目编号：18F95），西安财经大学2022年研究生教改项目《教育反哺视野下硕士研究生师生关系的研究》（项目证书编号：2022J001），主持西安电子科技大学研究生创新基金项目《以"西迁精神"为载体的西部高校红色文化教育融合研究》。

前　言

　　中国优秀传统文化是现代化发展的珍贵历史文化宝藏，对于涵养社会主义核心价值观、维护国家文化安全、推进国家治理体系现代化、提高治理能力具有重要作用。新时代传承和弘扬中国优秀传统文化，应充分发挥高等院校、大学生以及社会的作用，不断激活优秀传统文化，赋予其鲜活的时代价值与意义，讲好中国故事、传播中国声音，助推中国特色社会主义文化强国建设。

　　全书共七章。第一章为绪论，主要阐述中国优秀传统文化的界定、中国优秀传统文化的产生与发展、中国优秀传统文化的精神特质等内容；第二章为中国优秀传统文化的价值探讨，主要阐述了中国优秀传统文化在国家治理方面的价值、中国优秀传统文化的世界价值等内容；第三章为中国优秀传统饮食文化的价值，主要阐述了传统饮食文化的起源与流变、优秀传统饮食文化的基本特征、优秀传统饮食文化的核心价值、优秀传统饮食文化的弘扬路径等内容；第四章为中国优秀传统礼仪文化的价值，主要阐述了传统礼仪文化的起源与流变、优秀传统礼仪文化的基本特征、优秀传统礼仪文化的核心价值、优秀传统礼仪文化的弘扬路径等内容；第五章为中国优秀传统节日文化的价值，主要阐述了传统节日文化的起源与流变、优秀传统节日文化的基本特征、优秀传统节日文化的弘扬路径等内容；第六章为中国优秀传统孝道文化的价值，主要阐述了传统孝道文化的起源与流变、优秀传统孝道文化的基本特征、优秀传统孝道文化的弘扬路径等内容；第七章为中国优秀传统文化的创新与展望，主要阐述了中国优秀传统文化的传承创新和中国优秀传统文化的展望等内容。

　　在本书撰写的过程中，借鉴了国内外很多相关的研究成果以及著作、期刊、论文等，在此向相关学者、专家表示诚挚的感谢。

　　由于本人水平有限，书中有一些内容还有待进一步深入研究和论证，在此恳切地希望各位同行、专家和读者朋友予以斧正。

目　录

第一章　绪论 ··· 1
　　第一节　中国优秀传统文化的界定 ··· 1
　　第二节　中国优秀传统文化的产生与发展 ······························ 14
　　第三节　中国优秀传统文化的精神特质 ································· 20

第二章　中国优秀传统文化的核心价值 ·· 27
　　第一节　中国优秀传统文化在国家治理方面的价值 ··············· 27
　　第二节　中国优秀传统文化的世界价值 ································· 38

第三章　中国优秀传统饮食文化的价值 ·· 43
　　第一节　传统饮食文化的起源与流变 ···································· 43
　　第二节　优秀传统饮食文化的基本特征 ································· 46
　　第三节　优秀传统饮食文化的核心价值 ································· 52

第四章　中国优秀传统礼仪文化的价值 ·· 55
　　第一节　传统礼仪文化的起源与流变 ···································· 55
　　第二节　优秀传统礼仪文化的基本特征 ································· 58
　　第三节　优秀传统礼仪文化的核心价值 ································· 64
　　第四节　优秀传统礼仪文化的弘扬路径 ································· 70

第五章　中国优秀传统节日文化的价值 …… 83
第一节　传统节日文化的起源与流变 …… 83
第二节　优秀传统节日文化的基本特征 …… 89
第三节　优秀传统节日文化的弘扬路径 …… 97

第六章　中国优秀传统孝道文化的价值 …… 111
第一节　传统孝道文化的起源与流变 …… 111
第二节　优秀传统孝道文化的基本特征 …… 117
第三节　优秀传统孝道文化的弘扬路径 …… 121

第七章　中国优秀传统文化的创新与展望 …… 137
第一节　中国优秀传统文化的传承创新 …… 137
第二节　中国优秀传统文化的展望 …… 161

参考文献 …… 167

第一章 绪论

中华文明是世界古文明中唯一没有中断、传承至今的伟大文明。中华民族五千多年文明历史孕育出中国优秀传统文化，是中华民族最深沉的精神追求。站在新的历史起点，深入挖掘根植于中华民族基因中的精神特质，是实现中华民族伟大复兴的必然要求。本章分为中国优秀传统文化的界定、中国优秀传统文化的产生与发展、中国优秀传统文化的精神特质三个部分。

第一节 中国优秀传统文化的界定

一、相关概念界定

（一）文化与传统文化

在西方，文化（英文为"culture"）一词来源于拉丁语，意为"耕作"，后引申为"培养""修养"之意。英国人类学家爱德华·伯内特·泰勒（Edward Burnett Tylor）将文化定义为"包括全部的知识、信仰、艺术、道德、法律、风俗以及作为社会成员的人所掌握和接受的任何其他的才能和习惯的一个'复合体'"。在中国，文化一词最初表意"人文"（社会人伦），是与"天文"（自然规律）相对应的。《周易·贲卦·象传》中记载："刚柔交错，天文也。

文明以止，人文也。观乎天文，以察时变。观乎人文，以化成天下。"这里体现了人文的教化作用，即"文"对人的教化。而后《说苑·指武》中最早将"文"与"化"合用，"圣人之治天下也，先文德而后武力。凡武之兴，为不服也；文化不改，然后加诛"。这里的"文化"是与"武化"相对应的，强调了礼乐典章对人的感化与教化。由此可见，文化的本质有着文明教化的意味，既可以塑造人的本质，又可以规范人的行为，其核心内容是体现以文化人含义的物质文化、制度文化、精神文化的总和。就当今而言，文化是一个民族最深层的精神积淀，是一个国家不息流淌的精神血脉，对培养民族品格与培育民族精神起到了凝聚与延续作用，对大众精神家园的塑造更是起到了规范与教育作用。

"文化"是我们生活中常常说起的词，然而究竟什么是"文化"，却又不好回答。"文化"一词古已有之，其含义却是不断演变的。西汉以前，"文"与"化"是分开的。"文"的本义是"纹"，指交错的纹理；"化"原来是指改成，很多情形下指东西的形态或性质发生变化，后来解释为劝人们行善。"文"与"化"合用，则是在西汉以后。

对于"文化"定义的研究中，我国著名哲学家张岱年的观点最具代表性。他认为文化是指人类在解决人与社会的矛盾关系中所进行的精神活动和实践活动的方式，以及其所创造出的物质成果与精神活动结果的总和，是行动方式与活动结果之间的辩证统一。目前，关于"文化"的观点有多种，不同的地区产生了不同的文化。

文化有广义、狭义之分。广义的文化涵盖面很大，着眼于人类与一般动物、人类社会与自然界的本质区别，着眼于人类卓立于自然的独特生存方式，它包括的内容极其多，因此又被叫作大文化。狭义的文化是排除人类社会历史生活中关于物质创造活动及其结果的部分，专注于精神创造活动及其结果，因此也被叫作小文化。通过上面的定义可以得出，狭义的文化多指向精神方面的内容，所以像建筑、器物等都不是狭义的文化。建筑、器物是广义的文化，通过对它们的使用，可以把人和动物区分开来，也就是与人有关系、被人创造且被人使用的一切的"物"都包含在大文化的范围内。

随着时代的更新，文化自身也在不断地发展与创新，依照时间可把文化区分为"传统文化"与"现代文化"。传统文化不仅是指本民族的古代文化，还包括人类对传统文化的继承与发展。传统是人类在长期交往实践中所成就与积淀并得以延续的对象或产物，"几乎任何实质性的内容都能够成为传统"，"包括从古至今代代相传的思想、精神、制度、民俗、文化、艺术等"，传统的本质内容是历经岁月而不会褪色的。传统文化集中反映了国家或民族的精神风貌和性格特质，是处于动态发展过程之中的精神成果和物质形态的总和。正因为传统文化在历史长河中的绵延不息和历久弥坚，才愈发显现出其对于当今社会的指导意义。需要注意的是，我国的传统文化中既存在着精华，也存在着糟粕，需要我们科学地加以辨别，不可"一刀切"，只有符合社会发展方向，服务于中国特色社会主义建设事业以及为社会主义现代化建设提供正向引导的，才称得上是优秀传统文化，我们应该学习掌握的是优秀传统文化。

（二）中国传统文化

中国传统文化是我国世代相传的思想和精神等的结晶。有学者说中国传统文化是中华民族走向现代社会之前，在历史发展过程中所积淀的文化，是对当代人类的思想行为、价值观念起着规范作用，相对稳定且独立的结构。我国传统文化包括古代中国哲理、宗教、语言文字、科技等多种类型。尽管我国的传统文化是唯一一个没有间断过的文化结晶，但其中依然存在许多不利于当下社会发展的成分，需要筛选剔除。

传统文化是一个国家经历战争、聚散分合、迁徙融汇后形成的民族统一思想，是每个特定历史阶段下的意识沉淀，是维系该民族命脉的基础，是该民族走向未来、走向世界的旗帜、标杆。民族的历史传统必然深深印刻在民族的历史进程中，是不可磨灭的存在，如果抛弃民族传统文化，没有民族特色的加持，那么该民族将会在世界民族之林中被湮没，失去影响力。

所谓中国传统文化，主要是三个部分释义的加权，即中国、传统和文化。首先，中国这个概念起源于商周时期，当时王朝位居天下之中，同时又是经济贸易以及政治核心，所以称这片国土为中国，是根据地理位置得出的。中国一词新增民族之意是在汉朝，这一时期形成了多元化且核心突出的中华民族特征。中华民族是一个大家庭，是不同民族在交流融合中形成的血缘、历史、社会、政治、文化关系。从国家角度来说，国家是近代的政体概念，在以前的"中国"只有王朝的概念，而没有国家这一概念。现在的中国即中华人民共和国，是一个多民族共同繁荣的社会主义国家。其次，传统是相对于现代而讲的，二者并不是完全对立的。传统与现代明显的不同是时间阶段不同，传统包含着时间的历史性，是长时间积淀延续形成的概念。传统不等于因循守旧，也不是有些人所认为的保守以及没落，对于传统缺乏深刻理解的人往往会在语言上贬低传统。在传统上"能传则传，能统则统"，传统是数千年来民族精神和民族文化的积淀，有着温故而知新、继往开来及在继承上求发展的含义，是进行再创造的底气。

（三）中国优秀传统文化

优秀是对传统文化的价值判断。我国特有的传统文化是中华民族的"根和魂""精神命脉""文化基因"。中国传统文化的精华不只在于其外在形式，更在于中华民族特有的精神特质，是对历史发展和现实生活起指导作用的内在思想观念。

优秀传统文化指那些经过了实践检验、时间检验和社会择优继承检验而保留下来并能传之久远的文化。优秀传统文化与传统文化的最大区别在于，优秀传统文化可以为人所用、所继承并且发扬。由于时代的发展进步，传统文化中一部分内容已没有生存发展的土壤，也不能正确指导我们的行为，应该被舍弃，从而保留那些仍能为我们所用的优秀的内容。优秀传统文化在历史的发展中，一直起着巨大的积极作用，它指导着先辈们走上正确的人生之路，指引着中华民族进步发展。现在，优秀传统文化依然有风向标的作用，引导着我们坚定不移走社会主义道路，把我们的国家建设得更加欣欣向荣。《离骚》中，屈原的爱国主义精神从战国时期的楚地一直唱到现代，唱进每一个中华儿女的心中。当今时代，伟大的爱国主义精神不仅表现在边境纷争时英雄们的冲锋前进，奥运会上体育健儿为国争光上，还表现在学好祖国语言文字，继承优秀传统文化的点滴上，表现在心中存有的爱国情怀上。优秀传统文化永不过时，永远具有不可磨灭的振奋人心的力量，这种力量不仅留存于当今时代，还会永远流传下去，且历久弥新。

中国优秀传统文化的内容包括符合中华民族核心思想理念、体现中华传统美德、展示中华人文精神等的传统文化。中国优秀传统文化是在中华文明发展过程中形成的，是符合当今社会发展的优秀思想文化、精神文化及优良传统的总和。在中国传统文化中，对社会、民族和国家的发展有推动作用的都是中国优秀传统文化。

中国优秀传统文化是根植于广袤的中华大地，形成于悠久的历史进程之中，以中华民族为创造主体，在长期生存与发展的社会实践中创造出来的物质文明和精神文明的总和。其有利于社会进步，且符合社会发展的必然趋势，为人们认识世界提供思想教化与有益启迪，同时有着滋养心灵与灌溉灵魂的作用。中国优秀传统文化拥有广博而丰富的内涵，包含主流思想体系以及不断演变流传的优秀的价值观念、风俗习惯、传统美德、制度规范、行为习惯等。其内容涵盖了诗词歌赋、琴棋书画、吃穿住行、艺术工艺、民俗风情、雕塑建筑等众多方面，形式依托符号化的载体和媒介呈现，表现形态富有鲜明特色并散发着永恒魅力。在当今社会，中国优秀传统文化中积淀的物质文化遗产和非物质文化遗产以及中国优秀传统文化中蕴含的"讲仁爱、重民本、守诚信、崇正义、尚和合、求大同"的核心思想理念，更是推动民族进步、国家发展的宝贵精神财富，这也昭示了对中国优秀传统文化的继承与弘扬具有重大的现实意义，必须在立足时代发展的基础上做好中国优秀传统文化的传承与创新工作，使之持续迸发出鲜活的生命力。

中国优秀传统文化是中华民族在5000多年历史长河中积淀下来的物质文化和精神文化的资源库。中国优秀传统文化在内容构成上大致可划分为四个层次：一是以各种途径和形式流传下来的古文经典，如诸子散文、唐诗宋词等；二是在不同朝代呈现出来的具体的观念意识和历史文化；三是贯穿于整个优秀传统文化的内容体系之中，并高于历史文化意识形态的民族精神；四是中华民族所形成的综合思维方式。从物质实体到思想文化，层层递进，演变成了当代社会沿用的道德伦理和人文关系。总体上呈现出以诸子百家学说为基础，经学盛行，儒释道并重，理学发达，多元文化兼容并蓄的特征。在上述四个层次中，思维方式最为重要，内化为中华民族天人合一的哲学观、和而不同的处世观、文以载道的教化观以及俭约自守的生活观。

中国优秀传统文化是中国传统文化的一部分，是中国传统文化的精华部分，是民族文化的瑰宝。毛泽东同志曾经阐明了我们对待中国优秀传统文化的方法，即"取其精华，去其糟粕"，要注意传统文化的两面性，不能简单地一味赞扬或者一味贬低，要批判地继承中国传统文化。中国优秀传统文化之所以具有强劲的韧性，和它经过几千年时间打磨所形成的特性是分不开的，总结下来，主要有以下几点：

第一，兼容并蓄，具有较强的包容性，是不断与时俱进的。优秀的传统文化不仅包括具有本土特色的主流文化，也包括积极向上、活灵活现的外来文化；不仅有古老厚重的历史文化，也有在发展进程中不断融合吸收的现实文化。适应时代潮流，推动社会发展进步的才是优秀文化，反之，一成不变，故步自封，跟不上时代脚步的文化就是没有价值的。中国优秀传统文化的兼容并蓄对当下的建立文化自信起着至关重要的作用，向世界展现了中国文化并不是封闭的，而是开放的、包容的，我们将会以最积极的态度面对外来文化，在文化交流中汲取有益的养分，丰富自身的文化体系。

第二，具有强劲的生命力，源远流长，能经受住时间的洗礼。中国优秀传统文化是在多民族统一国家的基础上，接受时间和实践的考验后而凝聚民族力量的软实力，经受检验后的文化更有活力和生命力，能够直击心灵，在人们内心形成真实的理想信念。

第三，具有积极的作用，体现积极的价值观。中国优秀传统文化的关键就在于它是"优秀"的，那就确定了它是以积极向上为主要特征的文化，是有着光明发展前景的文化。中国优秀传统文化是中华民族价值观的主要来源，是凝聚中华民族精神最有力的武器，指引着中华儿女坚定地追求个人价值和社会价值。几千年的文化和思维，是维系我们民族命脉的根本，也是未来世界走向大同的重要思想资源。

二、关于中国优秀传统文化的研究

（一）中国优秀传统文化的价值意义

中国优秀传统文化的价值意义主要是从"古今联动"的视角来强调中国优秀传统文化在当代社会中的理论与实际价值。

首先，中国优秀传统文化是增强民族凝聚力的纽带。中国优秀传统文化是中华民族在历史进程中逐步形成的具有中国特色的文化"精华"，根植于民族基础，引导着整个中华民族不断抗争、勇敢向前。中华民族之所以能够穿越滚滚时间长河而绵延不绝，是因为中国优秀传统文化拥有着以统一为主流的历史背景，对中华儿女产生了深刻的凝聚作用。在一次次的难关面前，中华民族勠力同心，秉持"天下兴亡，匹夫有责"的信念，从未迷失自我。也正是这种文化团结，使中华儿女凝聚成一个整体，形成了强大的民族凝聚力。

其次，中国优秀传统文化是社会主义核心价值观的重要源泉。从时代角度来看，社会主义核心价值观是在中国特色社会主义伟大实践中形成的、具有时代特色的价值表达。从历史角度来看，社会主义核心价值观来源于中国优秀传统文化，继承了优秀传统文化的合理内核，体现了中华民族最深层的精神追求。

（二）中国优秀传统文化的传承与创新性发展

要明确弘扬中国优秀传统文化，在此基础上进行创新性发展及转化。中国优秀传统文化是民族文化自信的深层内涵，要强化文化传承发展的辩证意识、价值意识、体系意识、功能意识、融合意识等，以发展的眼光看待中国传统文化，去粗取精，使得中国优秀传统文化不断创新、不断发展。

对于中国优秀传统文化的传承路径也在不同领域进行。为增强高校思想政治教育文化传承和育人的功效，将中国优秀传统文化与思政课动态融合，从价值观、文化自信、变革趋势、隐性环境、传播媒介这五个方面探索科学融合路径，实现高校思政教育的全面渗透，达到文化传承的效果。社区教育逐渐成为优秀传统文化传承发展的新载体，在文化的传承发展上有着独特的优势。各社区教育要发挥其独特优势，开展影响更深远的社区教育特色活动，推动优秀传统文化的发展。优秀传统文化还应融入企业思政工作，重点发挥企业的作用，举办丰富多样的以传统文化为基础元素的活动，为企业营造和谐健康的文化氛围，使中国优秀传统文化在新时代焕发新的魅力。中国优秀传统文化也进行了创新性发展，在人工智能创新发展的基础上借助智能化，利用新技术，将中国优秀传统文化融入新型高科技产业，采用简单、直接的表现形式，更便于广大群众对传统文化的理解和接受。

在新媒体盛行的社会背景下，要利用短视频产业弘扬优秀传统文化，把握这一时代机遇，这也是实现短视频内容质量升级的有效途径；要遵循以青年为发展中心、与时代要求相结合的创新发展原则，坚持推陈出新，积极探索优秀传统文化创新性发展的路径，为中国文化的伟大复兴做出自己的贡献。

时代在进步，社会在发展，优秀传统文化仍然拥有旺盛的生命力，虽然其发展道路充满坎坷，但发展方向是正确的，具有很大的时代价值。

三、中国优秀传统文化的特征

中国文化的基本内容包括语言文字、文化典籍、科技工艺、文学艺术、哲学宗教以及道德伦理等。中国传统文化在不同的语境下有不同的叫法，如国学、国学经典、中华文化、中华传统美德等。中国优秀传统文化是中华民族的文化基因，潜移默化地影响着中国人的思想方式和行为方式，体现了中华民族最深层的精神追求，代表着中华民族独特的精神标识，蕴含着丰富的思想、道德资源，同时也符合社会主义核心价值观，具有历史、文学、艺术、科学等方面的价值。

（一）民族性

鲜明的民族性是中国优秀传统文化区别于世界上其他文化的标志。中华文化是在中国大地上诞生的，是中国人民创造的，是中国人民在辛勤劳动中创造出来的，带有民族特有的生活习俗、思维方式和民族性格。正是基于这种民族特性，中国传统文化虽然经过了数千年的发展和演化，也多次受到外来文化的冲击，但仍然保留着独特的外貌。也正是因为它的民族性特征，在创造性转化和创新性发展中能够保持文化的"根基"。

（二）传承性

中国优秀传统文化的传承性为爱国情感提供了滋养的温室。中国优秀传统文化传承的优势之一就是在发展过程中没有断层，拥有着强盛的生存能力。它并没有因为时代的前进而消逝，反而不断改变自己的表现形式来适应社会的发展，并在此过程中不断吸收新的文化，从而充实自己的力量和价值。这种强大的生命力使中国优秀传统文化得以长存。例如，每个历史时期的爱国情感和思想都是由社会历史条件决定的。它没有随着历史而消失，就是因为它凝练成一种思想留存于中国优秀传统文化之中，才得以保留和延续。这种时间上的传承使得爱国主义情感不断得到滋养，感染了一代又一代人。如果失去了这种独特的民族文化，爱国情感也就如同无源之水。正是它的生生不息，才使得我们的文化基因得以保留，而且这种文化基因还是健康的、有活力的，在现代社会通过各种形式影响我们的情感和价值观。

（三）广泛性

中国优秀传统文化传播的广泛性渗透于我们生活的方方面面。从传播范围来看，它面向社会大众，涉及领域众多，与人们的生活和工作息息相关，如经济上的义利观和诚信观，政治上蕴含的民本思想和家国情怀，社会领域的和谐观，个人修养方面的道德观，人际交往观念等都体现了中国优秀传统文化所蕴含的思想；从表现形式来看，古代园林建筑、服饰、史书典籍、诗歌、戏曲、传统节日等为学习中国优秀传统文化提供了多种多样的形式；从传播手段来看，课堂教育与社会实践相结合，现实与网络相结合，为中国优秀传统文化提供了多种传播途径，如在学校中，特别是高校，普遍展开中国优秀传统文化学习，除此之外，还有礼仪学习、诗歌朗诵、传统节日活动等多种社会实践活动。

（四）时代性

文化是流动的存在。也就是说，从时间线来看，文化是有古今之分的。社会政治和社会经济能够反映一定的社会文化，社会文化同时也会影响和作用于社会政治和社会经济。不同的文化由于所处的时代不同，因而展现出各自的时代性。不同时期的文化表现出的特点不同，这就是时代性的表现。

四、中国优秀传统文化的构成要素

（一）底蕴深厚的传统思想

中国传统思想就是在一定的历史时期对社会稳定和人民生活起着一定作

用的意识、认知，并且对社会的发展起着一定的影响。任何民族在其发展中，都会逐渐产生、形成最重要、最具有影响力的集体意识，即世界观。这种占据社会主流意识的世界观，会在一定的历史时期内形成较为固定的模式——传统思想意识。中国的传统思想涵盖了政治、法律、军事、经济、教育、家庭、修养、为人处世等多个方面，主要体现在道家、儒家、墨家等的思想体系中。

时至今日，中国优秀传统思想仍然深刻影响着人们的意识和行为，如"天下兴亡，匹夫有责"的爱国思想与责任感，"勤俭节约，以和为贵"的生活理念等。

（二）衣冠之国的服饰文化

充满东方神韵的服饰，充分显示出中华民族深厚的文化底蕴。古人有云："中国有礼仪之大，故称夏；有服章之美，谓之华。"中华儿女的生活便随着华服而深入展开。"礼仪之邦"的华服魅力，同样也承载着华夏的精神。服饰作为中国优秀传统文化的具体表现，从历史发展的过程来看，它发展时间尤其久远，形成了独特的文化氛围。它体现了中华民族的文化积淀、审美特点、社会风俗，蕴含着我们的民族精神、哲学伦理思想、道德礼法等。弘扬服饰文化，有利于激发中华民族的民族自信心与自豪感。

（三）民以食为天的饮食文化

"民以食为天"，人们除了生存需要以外，也给饮食赋予了许多文化内涵。饮食不仅是一种习俗，也是一种文化，从另一个角度展示出我国各民族的特色与魅力。其中，极具特色的有茶文化、酒文化等，可谓博大精深，让中华儿女受益千年。

（四）丰富多元的传统文艺

琴、棋、书、画等，都可以称为文艺，传统文艺可以提高人的艺术修养，提高综合素质。中国的文学、传统戏曲与绘画等具有悠久的发展历史，历史沉淀极为丰厚，它们共同构成了中华民族光辉灿烂的文化，是民族精神火炬。

（五）绚烂多姿的节日

绚烂多姿的节日凝聚了数千年来中国劳动人民的智慧，并形成了具有鲜明的民族性、能够集中展示中华民族文化情感表达的中国优秀传统文化，将我们丰富多彩的内心世界展现、传承给一代又一代的中华儿女。这些节日各具特色，多彩多姿，是中国优秀传统文化的精华之一。

（六）婚丧嫁娶风俗礼仪

中式婚礼在中国人的文化生活中，有着特殊的意义和地位。现在的年轻人，很多也愿意举办中式婚礼庆祝自己的人生大事。从一定程度上来说，中式婚礼象征着人与自然的和谐，也蕴含着社会人伦的学问。据史料记载，我国最早的婚庆习俗要从伏羲制嫁娶、女娲立下媒妁说起，但是要说何时婚礼流程才完全规范化、流程化，应该是在周朝。这一婚礼具体流程也一直被沿用至今，现在被称为"三书六礼"。

同样，丧葬习俗也是中国传统文化中风俗礼仪的一部分。它体现了人们对死亡的敬畏，又反映了人们对于新生命的向往。丧葬习俗流传至今，表达了人们对故去之人的哀悼与追思。

（七）凝固艺术的传统建筑

作为凝固的艺术品，我国古代建筑拥有自成一派的样式及结构，艺术风格迥异，还拥有各具特色的艺术装饰，这些要素使得我国的古代建筑在世界建筑史上占据了重要的地位。我国极具代表性的传统建筑有恢宏大气、气势磅礴的明清故宫，还有如卧龙般盘旋的建筑奇迹万里长城；有体现人与自然和谐共生的古典园林的杰出代表——苏州园林，也有庄严肃穆的寺庙建筑。它们无不体现着中华传统思想与文化的内涵，向世界展示了中国人民的智慧。

第二节　中国优秀传统文化的产生与发展

一、中国优秀传统文化溯源

《史记》中记载，我国文化"自黄帝始"，随着古文献研究的深入和新的考古研究的发现，我国文化起源于比夏商周更久远的时代是真实可信的。春秋战国时期是我国传统文化发展的重要时期，这一时期思想的交流和碰撞有其深刻的原因。从当时的社会背景来看，这个时期进行了一系列政治改革，促进了社会发展，进而引起了思想界的变化。同时，当时的政治环境复杂，知识分子大有用武之地。

二、中国优秀传统文化的思想汇集

中国文化源远流长，内容丰富，光辉灿烂。中国古代思想影响深远，是现代智慧的源泉，古代的思想也一直影响着现代社会的方方面面，至今仍散发着智慧的魅力。

（一）儒家思想

儒家优秀传统文化是儒家文化的精髓，它源于儒家文化，但不完全等同于儒家文化。谈及对传统文化的传承，我们常说取其精华，去其糟粕。的确，古代儒家文化中保守封闭的内容是不符合现代文化主流、是需要摒弃的糟粕，只有那些与时代发展趋势相符、生命力旺盛的精华部分才能传承至今，这部分内容才能被称作儒家优秀传统文化。

儒学是以"仁"为核心，以"仁、义、礼、智、信"为行为准则，以《诗》《书》《礼》《易》《春秋》为经典的学说。儒家思想集理想主义和现实主义于一体，其代表人物有孔子、孟子和荀子。

第一，儒家思想体现了"修己"的目标。在儒家看来，以人为本是其精髓，自我管理是基础。明德由心生，修己以安人，孔子十分注重"修己"的重要作用。例如，"其身正，不令而行；其身不正，虽令不从"，强调一定要意识到精神的引导力量，真正做到安人先修己。

第二，儒家思想体现了贵和中庸的标准。"和"指的是在处理人际关系时，一方面，要尽力协调各方，相互配合，在磨合中寻求最适合的方式；另一方面，在原则性问题上，要坚持原则，在争议中求和谐。孔子强调，"君子之中庸也，君子而时中"。儒家中庸的含义不是平庸的意思，而是适中，无过无不及，其实质是追求合理与适度。

第三，儒家思想体现了德礼之治的管理秩序。孔子提出，"礼之用，和为贵"。儒家思想推崇的是靠礼节或者道德行为规范来进行自我约束，单纯地依靠强制性的法令和惩罚性的手段无法实现长期管理的有效性。其以"德"来提升个人修养，以"礼"来建立管理秩序，强调道德价值观的引导作用，使成员认同价值观并化为行为动力，提高行为的一致性和可预测性。

（二）道家思想

春秋时期，老子集古圣先贤之大智慧，形成了道家完整的系统理论。道家基本思想的核心是"人法地,地法天,天法道,道法自然",强调顺其自然、以柔克刚,这就决定了其思想特色。

老子曾说:"上善若水,水善利万物而不争,处众人之所恶,故几于道。"即认为水善于滋润万物,上善的人也是如此,做人应像水一样,言行一致,不卑不亢,大事有担当,不急功近利,能够去包容他人。这种柔性思想给我们提供了一个很好的思路,意味着在教育和管理过程中要尽量给足人自由度,减少干预,让他们可以充分发挥主观能动性,以满足他们的切实需求为目标,尝试以"无为"来解决实际问题。运用道家的辩证思想也要把握物极必反的规律。

(三)法家思想

法家是以法治为核心的思想学派,其代表人物为韩非子,强调法治不违背规律,不伤害人的本性,既要遵守既定不变的法则,也强调制度的严肃性,通过将制度透明化起到约束以及相互监督的双重作用。为了保证制度很好地贯彻落实,还要有优秀的领导艺术,否则再完善的制度也只是空中楼阁。这种艺术不仅体现了个人素质,同时也会树立一种威信,保证制度的有效实施。因此,只有将法家思想的法治、术治、势治有机结合在一起,灵活运用到实践中,才能将制度的魅力发挥得淋漓尽致,起到事半功倍的作用。

(四)墨家思想

墨家思想的核心是"兼相爱,交相利"。墨子认为人与人之间的交往是平等的、相互的,损害他人利益的同时也会伤及自身利益,反之,大家相互爱护就会产生互利互惠的效果。也就是说,个体目标的实现是建立在整体目标实现的基础上的。墨子更是提出了"尚同""尚贤"的组织原则。墨家思想还强调在"齐心"的基础上，要知人善用，遵循互补优化、动态适应的原则，使整体的潜能得到最充分的发挥。墨家思想是理性的，认为在"尚同"和"尚贤"的前提下，只有创新发展才能提升利益回报率。

（五）兵家思想

兵家思想是中国优秀传统文化的重要组成部分，对古代军事战争的决策、指导、统筹等起到了关键性作用。《孙子兵法》中说"知己知彼，百战不殆"，即要提前掌握对战双方的准备情况，分析对手的优势和劣势，以做到避强击弱，进行有目的性的攻击，强调了组织者获取信息、分析信息、利用信息的能力。在复杂多变的环境中，掌握的信息越充分，了解得越详细，越能在竞争时做到成竹在胸，才能争取主动，以不变应万变，做出科学有效的决策。兵家代表人物孙子还认为，一个优秀的人要具备"智、信、仁、勇、严"的品格。

三、中国优秀传统文化的发展历程

中国优秀传统文化的发展以儒家文化发展为主线。随着我国封建社会的变化与发展，儒家文化的发展主要分为三个历史时期，即先秦儒学萌芽时期、两汉儒学形成时期和宋明儒学繁荣时期。

（一）先秦儒学萌芽时期

孔子是儒家学派的宗师，他崇尚周以来的传统文化，以六艺为法，崇尚礼义、仁和，主张以礼安国、以德治国，提出了以"仁"为核心的一整套思想体系，通过人伦秩序的仁爱，达到社会秩序的礼义，实现国家秩序的和合，从而达到德治的政治目的。孟子继承了孔子以"仁"为核心的思想体系，在孔子"仁"的思想观念基础上，加以丰富和完善，发展为"仁政"思想。同时，孟子又突出了"仁义礼智"与"人性善"相结合的思想。孔子"仁"的中心思想是忠恕、爱人，孟子"仁"的中心思想是以"孝"和"亲亲"为根本。在政治主张上，孟子认为"孝"是政治之本。而在伦理观念和君臣关系上，孟子认为"义"是人的行为规范，因而孟子之"礼"是仁义的外在表现，从属于"义"。在君子和臣民关系上，孟子提出"民为贵，社稷次之，君为轻"。孟子认为予民以"利"，民才可"义"。孔子认为两者在政治和道德上是一体的。孟子之后，荀子融儒家之礼和法家之法为一体，成为先秦儒家的代表人物。荀子认为"礼"是治国安民之本，同时主张刑罚，"法"要以"礼"为根据。在君臣关系上，荀子提出"好独"与"好同"、"妒贤"与"用贤"两大问题；在君民关系上，强调了人的重要作用，继承了孔子、孟子"重民"的思想，同时，必须处理好爱民与使民的关系。在人性论方面，荀子和孟子恰恰相反，提出了"性恶论"，认为必须努力改造自己与生俱来的恶性，而孔子和孟子认为想要成为圣人，要保持和发扬善的本能。总之，先秦儒学思想的目的是维护国君及贵族统治。

（二）两汉儒学形成时期

两汉儒学的代表人物是董仲舒。与先秦儒学代表人物相比，董仲舒以儒学为主，将阴阳五行学说、法家思想、墨家思想等融入其中，即以天人感应为核心，以阴阳五行说为框架，建立了一套思想体系，形成了系统、权威的天人政治论，这在儒学发展史上起到了前承孔子、孟子、荀子，后启朱熹、王阳明的重大作用。汉武帝采纳了董仲舒"罢黜百家，独尊儒术"的建议。在政治主张上，董仲舒认为，"王者，天之所予也"，"唯天子受命于天，天下受命于天子"。在君臣关系上，臣之于君，好比地之事天，"臣之义比于地，故为人臣者，视地之事天也"。在社会政治关系上，他提出"阴阳合分论",即变儒家传统的礼为阴阳之道的体现,"礼者,继天地,体阴阳,而慎主客,序尊卑、贵贱、大小之位,而差外内、远近、新故之级者也"。在人性论上,他将其分为"圣人之性""斗筲之性""中民之性"。在义利问题上,他提出"夫仁人者,正其谊不谋其利,明其道不计其功"的价值观。在道德伦理上,他提出了"三纲""五常"。

（三）宋明儒学繁荣时期

宋明时期,是儒学发展的繁荣时期,这时的儒家学者特别重视《大学》《中庸》,它们与《论语》《孟子》被称为"四书",远比"五经"要重要得多,"四书"加上《易传》是新儒学经典。张载、邵雍、程颐、朱熹是这一时期的代表人物。新儒学最感兴趣的除了"仁"与"生"以外,是"心性"与"天道"的问题。朱熹认为性即理,而爱是情,心统性情。这套思想的背景则是理气二元不离不杂之形上学,理是超越和永恒的,气则是内在而具体的,性可以进一步解释为义礼之性和气质之性。爱、情是气。心是气之精爽者,具众理而应万事。朱熹以同一方式界定"仁"为"心之德,爱之理"。他的"仁"的学说肯定仁为生德。"其言有曰:克己复礼为仁,言能克去己私,复乎天理,则此心之体无不在,而此心之用无不行也。"宋明儒学最大的贡献是在人的内心开拓出一个广阔深远的境界,以此探究人生理想和境界在不断提升的过程中所经历的心理状态,这种肯定价值的态度对人起到了鼓舞的作用。

综上所述,儒家文化的历史发展主要经历了先秦儒学萌芽时期、两汉儒学形成时期和宋明儒学繁荣时期三个阶段,特别是两汉时期董仲舒建立了比较完整的伦理规范体系,标志着儒家文化进入理论创造阶段,同时也使儒家文化价值体系正式进入人们的政治生活中。

第三节　中国优秀传统文化的精神特质

　　中国优秀传统文化的表现形式多种多样，组成内容包罗万象，价值内核深邃多元，在潜移默化中影响着国人的价值标准，用它厚重的历史气息和文化底蕴不断引领着中华儿女的价值追求。中国优秀传统文化的精神特质主要包括精忠报国、振兴中华的爱国情怀，天下兴亡、匹夫有责的担当精神，崇德向善、见贤思齐的社会风尚，孝悌忠信、礼义廉耻的荣辱观念等。

一、精忠报国、振兴中华的爱国情怀

　　爱国主义精神一直是几千年来流淌在中华儿女血液中的思想品德。在中华民族的发展历程中，无数的中华儿女一直高擎着爱国旗帜，高唱着爱国歌曲。数不尽的民族英雄、革命先烈、仁人义士为了国家和人民，付出了鲜血和生命。数不清的诗人、词人写出了诸多爱国诗词，展现着爱国主义情怀。从古至今，爱国主义精神始终展现着它的强大凝聚力，团结着各个民族、各个阶层的中华儿女。古往今来，爱国主义精神早已融入每一个中华儿女的灵魂和行动之中，发挥着强大动力，促使中华民族大团结，凝聚着中华儿女共同奋斗的磅礴力量。如李贺的"男儿何不带吴钩，收取关山五十州"、文天祥的"人生自古谁无死，留取丹心照汗青"、贾谊的"国而忘家，公而忘私"、林则徐的"苟利国家生死以，岂因祸福避趋之"，无不体现着浓浓的家国情怀；又如《潇湘水云》《胡笳五弄》《关山月》等琴曲，也以音乐的形式抒发着爱国主义情怀。

　　爱国主义情感有着不同的角度。从情感发展来看，爱国主义情感是人们对自己祖国的心理反应或情绪态度。爱国主义情感是长期发展、逐步孕育的，

这表明爱国主义情感是一种由低到高不断深化的感情。从结构划分上，爱国主义情感可分为四个层次，即朴素的爱国主义情感，民族的自尊心和自豪感，爱国的责任感、义务感、献身感，最后是高尚的爱国主义情感。这就是爱国主义情感的框架构造。从情感指向来看，爱国主义情感包括爱国土、爱人民、爱国家，可见爱国主义情感内容丰富。从情感的种类来看，爱国主义情感实质上是一种包含道德属性的情感。爱国之情是民族自豪感、自尊心和自信心的统一，是道德感和价值感的统一，是归属感、认同感和荣誉感的统一。可见，爱国主义情感是包含道德因子在内的。综合所见，爱国主义精神是人们在社会实践活动中，对祖国产生的一种由低级到高级不断深化的挚爱之情，包括热爱祖国的资源、关心骨肉同胞，认同国家的政权、历史和文化，为祖国奉献的责任感和使命感等。

在民族历史中，涌现出无数英雄将领或是文人墨客，他们忠于自己的国家，将对国家的热爱和担忧置于所有感情之上，将国家尊严置于自己的生命之上，用生命来捍卫祖国的利益。他们用自己的鲜血将爱国情怀铭刻在中国优秀传统文化中，并激励着一代又一代中华儿女为国家发展贡献自己的力量。

（一）坚定的报国之志

中国优秀传统文化中的报国思想，与新时代的爱国主义情感教育的内容不谋而合。古人常说，成大事者必先报国。在古代教育中，会从小就灌输忠君报国的思想。历史上也有很多的文人墨客在自己的诗文中表达了自己的报国之志，如岑参的"小来思报国，不是爱封侯"，表达了从小立志要报效国家的心愿，并不是为了名利和财富；于谦的"一片丹心图报国，两行清泪为思亲"，表现了将大国放在小家之前的爱国情感；陈子昂的"感时思报国，拔剑起蒿莱"，抒发了作者奋起报国的英雄主义豪情等。中国历史上还有很多人将自己的人生抱负与安邦定国紧密结合在一起，许身报国、前仆后继，在勤劳国事、为国奉献中建功立业，实现自己的人生价值。

只有保持强烈的爱国之心、报国之志，将为祖国奉献的责任感和使命感放在首位，才能树立崇高的理想信念。中国优秀传统文化中忠君报国的情感虽然还有封建的思想在里面，但是将其剔除之后，展现出来的强烈的爱国情感仍然具有教育意义，如岑参不为名利无私奉献的爱国思想，于谦的先国后家的爱国情感等，都符合新时代的爱国情感要求。中国优秀传统文化中的报国之志与现代的报国之志不仅可以丰富报国之志的内涵，还可以延续我们的民族文化基因。

（二）不屈的民族气节

爱国情感还表现在面对国家危难迎难而上，面对敌人的挑衅不卑不亢、毫不退缩，这与中国优秀传统文化中所蕴含的民族气节相契合。气节融在我们的骨血之中，振奋着我们每一个中国人的心灵。中华民族历来就是一个崇尚气节的民族，有为信仰献身的精神和为理想牺牲的勇气，尤其是在国家、民族大义面前，更是重操守，轻生死，将民族尊严置于生命之上，练就了铮铮铁骨、凛然正气，表现了浓烈的爱国情怀。除了这些英雄，还有很多籍籍无名的普通人，他们或是以笔为矛，或是肩扛大炮，用自己的方式守护着国家的尊严，展示着中华民族的气节。

爱国主义情感并不是简单地热爱祖国的荣誉，还包括维护祖国尊严的勇气。新时代爱国主义情感要培养青少年的报国之志，离不开民族气节的培养，只有这样，才能为培养报国之志提供精神支撑。将优秀传统文化中的民族气节融入爱国主义情感教育，符合新时代要求。

（三）包容的大国心态

中国优秀传统文化中蕴含的和合观念，提倡与周边国家和平共处，如"亲仁善邻，国之宝也"，主张亲仁善邻、和睦共处，还有墨家的"兼爱""非攻"，倡导民族间的和平相交，反对战争。中国的外交政策也体现了和谐思想，早在隋唐时期，中国就与周边国家建立了友好合作关系，体现了当时中国开放、包容的大国胸怀。

新时代的爱国主义要求我们具有一种包容的大国心态，这与中国优秀传统文化中的和合思想相呼应。如今，中国的国际地位不断提高，承担的责任也越来越多。这需要我们正确认识中国与世界的关系，形成宽容的、理智的大国国民心态。新时代的爱国情感要求我们在对待中国与别国的关系上应冷静、客观，处理问题要心平气和、进退有度。和平是时代主题，包容的大国心态是爱国主义情感教育的时代要求，这也是中国优秀传统文化中的和谐交往思想的延续。

悠久绵延的历史、积淀深厚的传统共同孕育了我们的民族精神。在滚滚的岁月洪流中，我们民族历经了无数次的艰难险阻。然而，我们又总能从危机中找到扭转局面的转机，并且焕发新的生机。我们民族这种顽强向上的生命力就来自每一位中华儿女的赤子之心和家国情怀。这种家国情怀能从我们的古代优秀经典中找到源头。中华民族孕育了一大批舍小家为大家，拥有赤子之心的中华儿女。这种以天下为己任而非满足个人私欲的博大胸怀，是使中华民族虽历经艰难困苦，然终能屹立不倒的制胜法宝。这种家国情怀是深深扎根心底的，这种对国家和人民深沉的爱已然成为我们民族根深蒂固的文化基因，有利于深化中国优秀传统文化教育，传承前辈的优良品格，从而感召新一代中华儿女成为心中有家国、眼里有民众、拥有赤子之心的人。翻开几千年的史书典籍，流淌在心中、映入眼帘的都是家国情怀。不管社会如何发展变化，家国两相依，这是人民对家乡、土地、国家的热爱，更是对故乡、民族、文化的认同、支持，是经历了上千年的历史流转但是大家都默默相守的一份情感，是"家是最小国，国是千万家"的情怀。

在中华历史上，"男儿应于边野故，马革裹尸以葬之"，表达了为国家利益而舍弃个人利益的家国情怀，有"一身报国有万死，双鬓向人无再青"的壮志，有"位卑未敢忘忧国，事定犹须待阖棺"的慷慨，有"九州生气恃风雷，万马齐暗究可哀"的悲鸣，有"一寸丹心图报国，两行清泪为思亲"的决绝，有"军歌应唱大刀环，誓灭胡奴出玉关"的勇气，有"生平未报国，留作忠魂补"的肝胆等，这些背后都是无数中华儿女家国情怀的高度体现。

数千年来，无数仁人志士就是在这种厚重的家国情怀号召、指引下，怀抱着誓死报国、马革裹尸的理想慷慨以赴。一个人对人民与民族所怀有的最深厚的情感，便是中国优秀传统文化里面的家国情怀，这种高尚无私的家国情怀是中国优秀传统文化的重要内容。在国际竞争不断加剧的背景下，应当大力弘扬优秀传统文化，以增强人民的爱国热情，凝聚成为实现中国梦的无穷力量。

二、天下兴亡、匹夫有责的担当精神

一直以来，担当精神始终是中国优秀传统文化中浓墨重彩的篇章。《论语·泰伯》有言，"士不可以不弘毅，任重而道远"，《孟子·尽心上》中的"穷则独善其身，达则兼济天下"，《岳阳楼记》中的"先天下之忧而忧，后天下之乐而乐"都说明了这个道理。在近代史上，我们国家遭到列强的侵略，经历了重重考验，历经坎坷，饱受磨难，但中华文明却始终绵延不绝，社会发展始终阔步向前，担当精神在其中发挥着不可或缺的重要作用。

三、崇德向善、见贤思齐的社会风尚

精神文明是支撑国家走向强大的重要保障。一个人如果没有优良的思想品德，将无法树立正确的人生观、价值观，一个民族如果没有共同的价值观念，国家也不会繁荣强盛。古往今来，有德行的"君子"备受推崇和赞美，《孟子》中"人皆可以为尧舜"，《三国志·蜀书》中"勿以恶小而为之，勿以善小而不为。唯贤唯德，能服于人"，均展现出古人对人心向善的推崇。在新时代发展的今天，仁、善的思想仍熠熠生辉，如"七一勋章"获得者张桂梅扎根贫困山区，点亮乡村女孩的人生梦想，为教育事业奉献一切；2019年，时代楷模其美多吉坚守雪线邮路30年，往返6000余次，行程140余万公里，忠实履行职责。

四、孝悌忠信、礼义廉耻的荣辱观念

在数千年的文明传承中，荣辱观念始终不曾被磨灭，是中华传统道德体系的基础支撑，也是当今社会主义核心价值观的重要根基。"孝悌忠信、礼义廉耻"一说出自《论语·学而》，即"君子务本，本立而道生。孝悌也者，其为仁之本与"；一说为宋代理学家、思想家朱熹总结出来的，世称"朱子八德"。虽仅有八个字，但内涵十分丰富，是中华民族特有的精神气质和文化基因。

中国优秀传统文化是我国各族人民继承传统和发展文化的基础，我们既要注重继承传统，又要做到推陈出新，如此才能在真正意义上促进我国的全面发展。在现代社会，应当用怎样的态度去对待中国优秀传统文化已经成为今天人们所关注的核心，不管是故宫的文创作品在网络上走红，还是传统文化节目兴起，都引发了人们的热议。在处理和对待中国优秀传统文化上，要秉承探求本质的理念，不断挖掘和丰富中国优秀传统文化的精神内核；要坚持发展创新的原则，不断融入现代社会的发展理念和时代文化；要保持传承弘扬的态度，用中国优秀传统文化锻造国人灵魂，塑造精神品格。

第二章　中国优秀传统文化的核心价值

文化是国家和民族生存发展之魂，中国优秀传统文化是中华民族向心力和凝聚力的源泉，中国优秀传统文化为中华民族积攒了宝贵的社会治理方面的经验，蕴含着丰富的国家治理理念，为我国当下的现代化治理提供了不竭的精神动力和文化支撑。准确把握中国优秀传统文化中治国思想的丰富内涵、世界价值和当代价值，对于塑造个人精神世界、维护社会繁荣稳定、完善国家治理体系、倡导世界和平均提供了重要借鉴。本章分为中国优秀传统文化在国家治理方面的价值、中国优秀传统文化的世界价值两个部分。

第一节　中国优秀传统文化在国家治理方面的价值

一、儒家思想在国家治理方面的价值

儒家学说自汉代确立正统地位以来，一直是我国优秀传统文化中的主流学派，主张"德治"和"仁政"。儒家的德治思想不仅影响了中国封建社会的治国理念，而且对当下丰富国家治理理论具有启发意义。"以德治国""以民为本"的提出正是对儒家德治思想的批判性继承。

（一）以德治国

以德治国从字面意思上来理解就是指将道德规范作为治理国家的手段，是德治在国家层面上的展开。理解以德治国，首先要理解德治的基本内涵。德治是指将道德规范作为治理手段。道德意喻一种向善的内心信念和社会规范。同法律一样，道德是调节社会经济关系、社会利益关系的特殊意识形态，不过较之法律，道德更多注重个人的品质、意志、行为修养，对个人的影响更加广泛且深远。德治同样也是一种治国方略，一种国家治理状态，一种政治理念，具体指依靠非强制性的价值导向和社会舆论制约个人行为以管理国家和社会事务。

重德是中华民族自古以来就遵循的传统，而将"德"作为治国思想的渊源最早可以追溯到周公时期，他提出用"以德配天""敬德保民"等思想作为治理国家的方略，将"德"的作用提升到治国安邦的高度，期望统治者不断提升自己的道德品质，自勉自励。到了春秋战国时期，中国传统的"德治"思想进一步发展，形成了以"德"为核心的治理思想。

孔子生活在春秋末期，社会新旧制度交替、礼崩乐坏、社会动荡不安，孔子在继承周王朝"明德慎罚"的思想和发扬礼治的原则下，提出统治者要"为政以德"的国家治理理念，此后，"为政以德"也成为儒家政治思想的核心。孔子认为仁慈与博爱能感化百姓的心灵，所以提出统治者要想治理好国家，就需要有高尚的道德和仁爱之心。孔子强调道德对政治的作用，认为用"德"和"礼"来教化百姓是治理国家的理想方案，主张以道德作为统治者治理国家的理念。

孔子儒学思想的核心是"仁"，而仁者爱人是孔子对统治者提出"为政以德"的最基本要求。仁者爱人就是要统治者用"仁"的道德规范来约束自己的一言一行，施行仁政，孔子认为统治者要施行"仁政"实现自身的"仁"，就要做到"克己"。在"仁"的思想中，只要人民做到"克己"，克制住自己的欲望，不受贪欲的支配，统治者具有仁德之心，不随心所欲地对人民进行管理，并且能通过"克己"的方式提升自己的内在道德修养。"仁者爱人"还要爱他人，孔子要求统治者具备仁爱之心，在治理国家的时候不仅要施行仁政，还要不断地进行自省，反思自己在管理人民的时候是否体现了君主的"仁"。

孔子用星辰关系比喻君民关系，将"德"比喻成居于中间地位的北极星，只要君主具备一颗仁德之心，具有较高的思想道德修养，那么人民自然就会像小星辰一样围绕在君主身边，自然而然地顺服君主，拥护统治。

孔子希望统治者能够重视道德品质的修养，在对人民进行管理时，要注重自己的言行品德，统治者是人民的榜样，君主的德行影响着人民的道德规范标准。孔子劝谏统治者在进行国家管理的时候，应当爱护百姓，君主若想要百姓顺服自己的统治，就必须爱护人民，做到忠正爱民、取信于民，这样百姓才会遵从君主的意志。"为政以德"就是让君主和人民从内心树立起道德信仰，用道德的感召力去构建一个秩序和谐的社会，这种秩序根植于道德力量。孔子的"德政"思想，将道德看作明君统治国家的思想起点，作为统治者，用道德约束自己，成为整个国家的道德榜样，这时再用道德的精神作用去教化百姓，百姓就会自然而然地接受这种道德榜样的驱使并且自觉受到教化。

孔子注重君主的教化，推行仁政。孔子的主张奠定了儒家学派"仁"的核心思想，为后世统治者治理国家和社会提供了思想渊源，具有重要的借鉴意义。

中国传统社会中的"德治"，是君主专制制度下的治国理政基本方略，传统德治不仅要求治理下的民众依循道德伦理调整人际关系，同时要求统治者必须具有高尚的道德修养。与传统德治相比，现代中国所推行的以德治国在内涵、目的上有很大不同。在内涵上，现代中国所倡导的是符合人民根本利益的中国特色社会主义道德，以"爱国守法、明礼诚信、团结友善、勤俭自强、敬业奉献"为公民基本道德规范，强调公民之间的平等地位，不同于传统德治以家族伦理为中心的道德要求；在目的上，现代中国倡导的以德治国是以人民为中心，而传统德治虽然强调"民本"，但实际上仍是统治者借以巩固和维持自身利益的治理工具。

"以德治国"将道德建设与社会主义制度、社会主义民主相结合，法德齐下，引导社会风尚。儒家思想重视道德的作用，突出道德的重要性，总结出"德主刑辅"的治理经验，这也为今天提供了借鉴。要将道德和法律结合起来，道德和法律共同构成了人类社会的秩序规范。从道德自身的性质来看，它是人性的一种内在体现，是我们所追求的一种价值目标；就社会行为控制来说，道德和法律是对人们进行社会活动的两种不同的制约力量，道德是对人自己的内在约束，而法律是外在强有力的制约手段。德治和法治就像车的两轮与鸟的两翼，想要社会健康向前发展，就需要将二者结合起来。法治和德治在稳定发展的社会中相辅相成。社会主义道德建设需要对二者齐抓共管，协调好二者的关系，重视道德的教化功能，将依法治国与以德治国相结合，建设社会主义道德体系。

（二）以民为本

重民思想体现了人本主义精神。早在先秦时期，就有了重民思想，《尚书》中讲到"民惟邦本，本固邦宁"，这就是在说人民才是一个国家的根基，只有根基牢固，国家才能安稳发展，突出了人民的重要性。

随着儒家思想的不断发展，孟子在继承孔子"仁"的基础上，提出了"民为贵,社稷次之,君为轻"的国家治理思想,这句话意思是说百姓是最为重要的，其次是国家，然后才是国君。孟子的重民思想强调人民的主体作用，让统治者意识到民心的重要性。孟子认为人民的地位高于君主，人民是一个国家的根本，民的"贵"就体现在人民是国家的主体。孟子提出"民贵君轻"的思想，是为了维护君主的利益，希望统治者能够顺应民意，实行仁政，这样社会才能稳定，统治才能长久。

孟子为了更好地实行仁政，他还提出要统治者减轻赋税，满足老百姓的基本生活需要，尊重平民百姓的意愿。孟子提出"民贵君轻"的思想，在一定程度上突出了人民的作用与重要性，但从本质上来说还是为了更好地巩固君主的统治。因此，孟子主张的"重民"，是君主施行"仁政"的手段，最终是为了维护统治阶级的根本利益。孟子的重民思想，以民本为核心，很大程度上缓和了统治者和百姓的矛盾，维护了社会安定。

荀子作为儒家思想的集大成者，他在前人基于君民关系认识的基础上讲到"君者，舟也；庶人者，水也。水则载舟，水则覆舟"。他继承发展了孔孟的重民思想，提出了君舟民水的论述，君主就好像是一条船，而广大老百姓就是承载船正常航行的水，水既能把船载起来让其安稳地航行，也能将船倾覆。在荀子的思想中，同样突出民心的重要性，认为得民心者得天下，他把人民群众看作一个国家稳定发展的决定力量，用水比喻人民,用船比喻君主，说明人民既是一个国家的基础，又是社会的主体，还是君主的依托，人民的力量不仅可以让君主的统治稳定，也可以推翻君主的统治。

在此之后，历代儒家思想家都在继承和发展重民思想，重民、爱民是儒家学派的主要思想，后世的儒学家们也都在不断发展"以民为本"的德治思想，对后世统治者治理国家具有重要意义。

虽然传统儒家的重民思想与当前的要求有着区别，但是儒家的重民思想依然为我国的现代治理带来了启发。

从国家层面来看，儒家思想中惠民利民安民富民的民本思想与现代社会倡导的"以人为本"高度契合，"富强、民主、文明、和谐"的目标都是一切从人民利益出发，将人民福祉与国家繁荣紧密结合。"富强"作为经济建设的目标，是人民追求美好生活的基础，也是落实其他理念的前提；"民主"作为政治理念，实质与"民贵君轻"思想较为一致，把人民当作根本；"文明"可以衡量社会进步程度，涵盖政治文明、生态文明、人类文明等内容；"和谐"倡导"和为贵"，既是对理想社会状态的描述，又包含着对人与人、人与家庭、人与社会、人与自然和谐相处的向往。

国家治理中要尊重人民群众的主体地位，强调在国家治理与社会发展中，把人民的利益放在首位，始终坚持以人民为中心，将马克思主义理论中关于人民群众主体作用的观点与中国优秀传统文化中的重民思想相结合，发展出符合中国国情、具有中国特色的群众路线、群众观点。

中国共产党人在马克思主义理论的指导下，积极寻求其中与中国本土文化相契合的地方，同时在对儒家"德治"思想继承和发展的过程中，提出"人民当家作主"的思想，要求在中国的发展中做到"以民为本"。自党的十七大以来，政府的职能从管理型转向服务型，但无论政府的职能如何变化，全心全意为人民服务的宗旨永远不会变，坚持走群众路线，将人民群众的幸福生活看作第一等重要的事，体现了"以民为本"的发展观念，一定程度上丰富和发展了中国当代的治理理论，形成具有中国自身特色的治理体系。

二、道家思想在国家治理方面的价值

老子"道法自然"的思想对当代和谐社会的建设及生态文明建设具有积极的作用。因此，如果能从道家思想中汲取治国经验，择善取之，那么对实现国家治理体系和治理能力现代化一定大有裨益。

（一）美丽中国

道家思想主张尊重、顺应自然，强调人与自然之间的和谐发展关系。在老子的思想中，认为"道"是世界的本源，是世间万物发展应遵循的自然规律，针对如何处理人与自然的关系，提出了"道法自然"的生态治理理念。中国自古有着"靠山吃山，靠水吃水"的俗语，随着当今人类文明、社会经济的高速发展，我们不能以牺牲环境为代价来换取经济发展，我们应关注生态环境的问题，反思定位人与环境的关系。毫无疑问，《道德经》中关于自然的理念，为当代解决生态环境问题，正确处理人与自然的关系提供了具有重要作用的思想启发。

首先，美丽中国体现在人与自然的关系上。道家思想强调人的发展应该尊重、顺应、保护自然，这对当代如何处理人与自然的关系和实现可持续发展目标都有着重要的价值。人作为社会的主体成员，社会的发展和进步必须满足人的生存发展需要。道法自然指明事物发展都有其特定的规律，要求不能打破平衡，应按照这个规律运动、发展、变化。一旦打破，就会给人类带来灾难，所以随着社会不断向前发展的同时，我们已经认识到人与自然的关系必须维持在一个平衡和谐的整体之中。由此可见，道家的"道法自然"在当代社会依然有着积极作用，对我们坚持可持续发展有重要启发。只有遵循自然发展规律，才能在人与自然和谐相处中不断促进整个社会的可持续发展。

其次，美丽中国体现在生态文明建设上。人类物质文明发展不断向前推进，带来了很多生态环境问题，人们逐渐认识到生态环境对于生存的重要性。因此，环境保护与生态文明建设在国家治理和发展中占据着越来越重要的地位。为了实现生态的循环、持续发展，我们应吸收"道法自然"中的有益成分，给生态留白，为未来储绿。道家学说倡导的"道法自然"与"天人合一"的生态自然观，对人与自然的关系以及人与自然应如何相处做了深度阐述。道家思想认为生态环境具有规律性，这个规律就是所谓的"道"，世上所有的生命体都是从"道"产生的，是宇宙的本源，这就说明在道家思想中，人与自然处于平等地位，"天地与我并生，万物与我为一"，说明人与天地万物共生，人和天地万物合成为"道"，任何生命体都要顺应自然，融于整个宇宙。因此，道家学派认为，人利用和改造自然的前提是要把握自然规律，在顺应规律的基础上进行合理的开发利用，不进行过多的人为强制干预。人与天地万物共生，共同存在于"道"的体系之中，就应该保持和谐相处的关系，只有这样，才能够实现人的可持续发展，反之，人的发展如果违背了自然界本身的规律，过度利用而不注意保护，就会遭到自然的反噬。

道家学说中关于"天人合一"与"道法自然"的生态思想为当代社会的生态治理提供了借鉴。无论是人与自然的关系还是推进生态文明建设，都在一定程度上吸收了道家的自然观，对美丽中国理念的提出有一定的启发。美丽中国就是要将生态文明融入政治、经济、文化和社会建设的各个方面，实现人与自然和谐共生。

（二）和谐社会

和谐是贯穿于道家整个思想体系的中心议题，道家的和谐思想崇尚人与自然、社会三者之间的和谐，这也是当下我们构建社会主义和谐社会的重要内容之一。道家构想的"甘其食,美其服,安其居,乐其俗,邻国相望,鸡犬之声相闻"的和谐社会蓝图,对当下建设和谐社会具有重要的启发意义。

首先,"自由、平等、公正、法治"的社会目标同样以人为核心,"自由"追求人的解放发展,"平等"倡导人的权利平等,"公正"是人人享有公平正义,"法治"则是确保人民根本利益的治理方式。综上,在社会层面上对人的尊重和重视,最终是为了实现全社会的和谐。和谐社会不属于某个特定的社会形态,但却是从古至今人类共同的期盼和向往。立德树人思想中关于道德的思考对于人的自身和谐、家庭和谐、社会和谐、价值观和谐具有导向作用,"四海之内皆兄弟也"的自由平等和"平而后清,清而后明"的公正公开以及"礼之用,和为贵"的有序祥和都是对和谐社会的具体描述。在实现和谐社会的过程中,离不开德法并重、多元治理的有效治理方式,社会主义核心价值观中对于社会层面的要求包含着法治的平等公正和德治的自觉自由,"平等"在传统文化中有平均、相对之意,"不患寡而患不均"就是古人对平等意愿的表达,还有古代一系列法治思想的提出,如商鞅的"缘法而治"、管仲的"依法治国"都是基于公正的法治思想。与法治思想相对的是德治主张,社会主义的自由不同于资本主义社会对剩余价值的盲目追求,而是基于人与外界社会协调发展的自由,关注点在人而不是利益。在社会治理中,人的自由基于对社会秩序的遵守,而良好社会秩序的维持需要德法共治,法治硬件和道德软件缺一不可。

其次,和谐社会还体现在人与人、人与社会的相互关系上。和谐社会建设理念的提出,离不开中国优秀传统文化给予的启发。建设中国特色社会主义和谐社会与道家和谐思想高度契合,是中国发展实际与本土文化相结合的产物。和谐是矛盾双方在一定条件下达到统一而出现的状态,是自然界内部、人与自然、人与人、人与社会、人的身心之间诸多元素实现均衡、稳定、有序，相互依存、共同发展的目标。每个人都是独立的人，要求我们在进行国家治理的时候充分尊重和发挥每个社会成员和各个社会组织的价值和作用，让其按照自身自然本性展开各种活动，这就需要协调好各方之间的关系，妥善处理社会中的利益关系，社会才能达到真正的和谐稳定。老子提出的"无为而治"思想，其实是一种"有为"，政府要处理好治理与被治理的关系，要减少不适当的干预，在复杂的社会关系中顺应发展规律，发挥良好秩序带来的积极作用，运用适当的"有为"手段去进行治理。在当代治理观念中，在人与人关系的处理上，需要每个人协调发展，对于矛盾问题，由当事人或者社会关系的参与者自行解决；在人与自然、人与社会的关系上，需要政府通过"有为"的手段去处理和协调，保障社会的和谐发展，建立一个良好的社会秩序，加强社会主义道德建设，提高公民素养。

构建中国特色社会主义和谐社会是政治、经济、文化等多种因素综合作用下的产物，在新的历史时期，这一结果与中国传统文化推崇的"和合"精神一脉相承，又有所创新，可促进不同阶层群众和谐包容，良好相处，同心协力推进和谐社会的建构，这也是社会主义精神文明建设意义之所在。

三、法家思想在国家治理方面的价值

法家的法治思想虽然产生并服务于中国封建社会，但是其在立法、执法以及普法方面的观点直到今天依然在发挥作用，对我们当下的法治建设具有重要的启发作用。

法家的思想对于当代社会法律规定、制度的建立和实施具有重要的借鉴作用和治理价值。既然制定了法律，就要公之于众，让人民知晓法律，通过普及法律来规范百姓的行为。

"依法治国"体现在建设社会主义法治体系上,是要制定一套完整的法律体系,这也是当代社会法治建设的重点。法治社会的构建仰赖于法律制度,而法律制度由各方面法律构成。我国的国家性质决定了法律是人民意志的体现。"依法治国"的内涵是党领导人民,在宪法和法律的许可下,以多种管理方式对国家事务、文化及社会事业进行管理,保障国家各项工作的有序开展,以制度和法律的形式促进社会主义民主渐进有效发展。可以说,人民群众的追求和社会客观规律是"依法治国"的依据,与此同时,国家各项工作要在法律框架内开展,不因个体的决定和意见而改变。虽然法家的思想与我们现在的民主法治有着本质上的区别,但是对当下的中国特色社会主义法治体系的建设依然有着重要的借鉴意义,法家的"刑无等级"等主张对当代司法公平的确立有着深远影响。虽然在先秦时代不能完全做到法律的平等,但它作为一种重要的法学思想以及一种理想的司法状态,在当代需要我们合理地转化和吸收,发展符合实际的中国特色社会主义法治体系。法家思想认为"法"应与时俱进,在时代进程中不断完善,与社会发展契合,这对我们今天不断完善中国特色社会主义法治体系有着重要启发价值。如今,中国经济正处于高速发展的新时代,要遵循社会发展规律,不断完善法律制度,使法律与中国经济发展相适应,发挥法律在保障发展成果与改革成果等方面的积极作用,做好立法规划,使法律能够适应时代的发展与变化。为了更好地进行社会主义法治建设,促进市场经济的发展,实现现代化的伟大目标,应当建立健全中国特色社会主义法治体系,维护广大人民群众的根本利益,建设平等、民主、自由、文明的社会主义法治社会。

中国传统的法家思想最突出的特点就是制定明确的法律法令,严格按照法律办事,当代"依法治国"就是按照法律规定办事,与传统法家思想一脉相承。

我们要在继承法家思想的基础上，结合中国当代社会的发展，将法家思想与时代结合，批判继承，为现代法治的发展和建设提供历史养料。

第二节　中国优秀传统文化的世界价值

一、对人类社会做出了重大贡献

中国优秀传统文化是世界上最伟大的民族文化之一，曾对人类社会做出过巨大贡献。例如，孔子提倡的"己所不欲，勿施于人""己欲立而立人，己欲达而达人"，其意义就是以己推人、平等待人、与人共进、相爱以德。孟子从人性及心理方面阐述仁，认为仁是人之所以为人的本性，仁源于不忍之心，即对于旁人痛苦的同情。从根本上说，仁是动的，是自强不息的。天人合一的思想所反映的环保理念，契合世界各国在保护环境、人与自然和谐相处过程中共同的准则。中国优秀传统文化中"和"的价值理念也应用到近代中国的对外政策中，为世界的和平与发展做出了重大贡献。

二、增强中华文化的世界影响力

中华民族的影响力靠的是中华文化的强大感召力和吸引力。因此，中华民族只有主动传承与创新中国优秀传统文化才能接续根脉，只有主动传播和弘扬民族优秀传统文化，才能在世界文化竞争中占有一席之地。中华文化自古以来就具有强大的影响力，原因在于它海纳百川、包容万物的特性。

中国优秀传统文化有着深刻内涵和丰富形式，其对世界各国发展都有积极作用，我们应将其传播出去，让世界各国人民了解、认同；用文化沟通打破交往壁垒，传播中华文化理念，以理服人、以情动人，让世界认识和了解中国优秀传统文化。

当今社会，文化日益成为国家间的竞争利器，只有不断汲取优秀传统文化能量，适应当代社会的创新，才能形成充满智慧、富有魅力的中华文化；只有借助先进的信息技术，才能提升文化传播能力，不断增强中华文化的影响力。

三、为世界文化发展贡献中国智慧

中国优秀传统文化是人类的共有财富。中国优秀传统文化蕴含的治国智慧为世界各国发展提供了思想启迪。以道德教化为重要职能的中国优秀传统文化，能够在一定程度上抑制市场经济带来的物质欲望和利己主义影响，形成良好的社会道德氛围。中国优秀传统文化对于不同的国家和地区影响也不同。唯有加强本民族文化自觉和自信，传承和创新本民族传统文化，才能解决社会发展中遇到的问题。

每个国家都有传统文化，如何看待和处理本国传统文化是一个值得思考的问题。中华文明流传千年，重要原因就在于中华传统文化自身的包容性和开放性，能够不断地吸收借鉴其他文明优势因素，促进自身的繁荣和发展；此外还在于中华儿女能够认同本民族传统文化，并主动进行传承。中国优秀传统文化传承创新为世界各国发展本民族文化指明了方向，贡献了中国智慧。

四、与世界优秀文化包容共生

中国优秀传统文化同时也表现出以天下为己任的大情怀，充满了对于人类前途命运的高度关注和深刻思考。就其基本内容、思维方式、文化逻辑、价值追求和终极关怀而言，中国优秀传统文化本质上是世界性的。

中国优秀传统文化中有大量基本理念都是世界性的，如天下一家、天下大同、造福万民等，说明在中国传统文化观念里，世界是统一的，包括普天之下所有地方。虽然那时并无地球的概念，也不知道世界究竟有多大，但中国文化理念是对包括自然界、人类社会和世界在内的整体思考的结果。

中国传统文化的思维方式是整体性和系统性的。《周易》《道德经》《大学》《中庸》等都突出地表现出中国人把自然界、人类社会和国家、家庭、个人作为一个系统的整体进行思考，放在一个巨大的思想体系里加以研究和阐述的特点，表现出中国传统文化特有的思维和文化逻辑。

中国传统文化在价值追求和终极关怀上也有其显著特点。中国传统文化追求天人合一、天下一家、人人幸福的和谐境界。天人合一讲的是人与自然是一个整体、人与自然必须和谐相处；天下一家讲的是处理人际关系的原则，普天之下人人平等，应相亲相爱、相扶相携；世界大同、人人幸福则是中国传统文化的终极关怀和价值追求的重要方面。

因为中国传统文化在本质上，尤其在世界性的一面，有世界视野和人类关怀的理念，因此，中国优秀传统文化内在地就包含有"世界适用性"的内容和特质，这实际上是中国优秀传统文化世界性价值的来源，中国优秀传统文化中天生关心世界、关心人类命运的特点必然蕴含着世界性的原则和价值观。

五、提升国家的文化"软实力"

自20世纪后半叶以来，经济全球化在科技的支撑下不断加快其发展步伐，世界多极化已是大势所趋，全球处于信息爆炸的时代，这使得对于软实力的探讨和关注比以往任何时代都要热烈和深刻,"软实力"成为热门话题。我国作为世界第二大经济体、社会信息化的参与者,应当顺应时代潮流,主动应对国际社会提出的提升自身软实力的挑战。

中国需要更加关注以文化软实力为主的激烈竞争。现阶段,综合国力的竞争正在从传统意义上经济、军事等领域的硬实力竞争向文化领域的软实力竞争转换。在激烈的软实力角逐当中,随着经济全球化、政治多极化带来文化多样化,价值观念、思想文化等在国际竞争中愈来愈占据重要地位,抢占文化发展制高点成为各国增强综合国力的目标。文化与作为其载体的民族是不可分割的,两者兴衰与共。只要全球范围内的各民族之间的差别未消失,维护民族的独立性就是每一个民族的重要任务,而民族独立性的一个体现就是民族文化的独立性。在文化经济全球化进程中,中国凸显自身文化软实力以保持文化个性成为亟待解决的问题,这迫切需要展示中国优秀传统文化对内的凝聚力强化民族之魂,对外的中国文化软实力彰显文化自信,增强中华文化的影响力。中国特色社会主义文化建设不仅会受已有的文化思潮影响,还会受到社会经济、政治的影响。中国优秀传统文化作为连接我国过去、现在和未来的主要精神文化,中国特色社会主义的突出优势,中华文明历久弥新的独特优势,应当肩负起凝聚新时代青年一代共识的主要责任。

当今世界处于大发展、大变革时期,我国文化事业虽然取得了一些进展,但仍存在文化安全问题。文化作为一个国家与民族的灵魂,文化软实力已成为衡量综合国力的重要方面,更对经济、国防、科技、军事等硬实力的建设发挥着重要作用,显然,提升文化软实力已然十分必要。提升文化软实力的关键在于文化产业发展和文化体系建设,归根到底离不开对优秀传统文化的传承与弘扬。

中国优秀传统文化所蕴含的物质文明与精神文明，为坚持走中国特色社会主义道路贡献了智慧方案与力量之源。博大精深的中国优秀传统文化已深深融入国家治理现代化中，在国与国之间文化软实力的较量中彰显了突出优势，为中华民族在世界站稳脚跟打下了坚实基础。中国优秀传统文化作为软实力的重要支撑，已成为实现社会主义文化强国目标的重要资源和有力支点。传统文化是文化软实力的渊源，是我国深厚的文化软实力象征，提升我国文化软实力的前提在于传承和弘扬中国优秀传统文化。要传承和弘扬中国优秀传统文化，面对复杂多变的环境，合理融入优秀传统文化宝贵资源，重焕新时代下中国优秀传统文化的生命力与感召力，激发学习优秀传统文化的热情，通过高质量的文化供给满足精神文化需要，提高对错误文化的辨识力，自然有利于维护好我国文化安全，最终实现我国文化软实力的逐步提升。

第三章 中国优秀传统饮食文化的价值

随着社会的进步,大众生活节奏加快、生活理念发生改变,应运而生的快餐经济和全球化经济对中国传统饮食文化产生了巨大冲击。中国优秀传统饮食文化源远流长、博大精深,是中国优秀传统文化的重要组成部分。探析中国优秀传统饮食文化的起源、内涵、特色与价值等,是关系到中国优秀传统饮食文化继承和发展的重大问题。

第一节 传统饮食文化的起源与流变

一、远古时期(夏商周)

在远古时期,已经有了多种多样的食物。人们将食物分为不同的种类,包括主食、肉类、蔬菜、水果等,这是我国现今食物结构分类的雏形。

人们将各种谷物统称五谷或六谷。古时还将作物称为百谷,并不是说有100种谷物,而是指多种谷物,这表明古时人们的食物已有多种之选。稷即现在的小米;黍是形似小米的黄米,质地较黏;麦分为大麦和小麦,古代称大麦为麰,也叫群麦;菽就是豆子,也是豆类的总称;麻有充饥的作用,所以也被称为五谷之一。许多古书中也记载过其他粮食的名称,如粟、粱、谷等。稻在中原地区的出现和种植比其他作物要晚一些,大概起于周代。

肉食是人类主要的能量来源，也是除主食之外的副食主体。一方面，北方人民长期游牧的生活习惯在进入农耕文明后不会迅速淡化；另一方面，在远古时期，野生动物多，蔬植类较少，栽培技术尚不先进。肉食的主要来源是三牲，即牛、羊、豕（猪）。牛是主要的农业生产工具，《王制》中规定"诸侯无故不杀牛"。羊是较为普遍的肉食，在羊肉中，羔羊的肉质鲜嫩，人们对羔羊肉的喜爱程度远大于成年羊。豕又叫彘，泛指一般的猪，豚是小猪，古人常以羔豚并称来形容美味。历代达官贵人都极为重视口腹之欲，各种山珍海味都成为其盘中餐。蔬菜主要有葵、韭、芹等，这些蔬菜有些在今日仍在食用，有些因为口感或获取难度已经退出蔬菜范畴。瓜果有梅、杏、枣、桃、梨、木瓜等。

上古时期，人们就已学会转化食物，把晒干的肉叫脯，肉酱叫醢。上古也有醋，叫作醯。有了醯，就可制成泡菜，叫作菹，腌肉腌鱼也叫菹。在某种意义上，菹与醯相近。这种制作食物的方法不仅丰富了人们的饮食口味，也大大延长了食物的储存时间，使人们享用蔬菜时不会因气候或运输等因素受阻。

二、中古时期（秦汉至隋唐）

秦汉时期，由于地域不同以及民族的区分，人们的日常饮食也呈现出多样化的特征。这些特征又随着时间的变换、地域间的交流、民族的冲突和融合而变化，使得这一时期人们的饮食生活带有浓厚的胡汉融合的色彩。例如，彼时风行的胡饼，虽由来和命名颇有争议，但其形似现在的烧饼，且面饼上有芝麻，即胡麻，所以有胡饼之称。

据史书记载，汉武帝派遣张骞出使西域各国，引入了大量的作物品种，其中有葡萄、核桃、西瓜等水果，也有菠菜、胡萝卜、茴香、扁豆等蔬菜。

与此同时，国内各地来往密切，南方盛产的甘蔗、荔枝、龙眼等作物也传入北方。西汉时期出现了一个明显的变化：不仅达官贵人能够吃肉，一般中等人家也可以吃肉喝酒，平民仍以素食为主。东汉时，蔬菜已有20余种，也有葱蒜和生姜等调味菜，说明当时的饮食已注意到了菜肴的调味性，去腥提鲜。与此同时，喝茶也开始流行。

秦汉之际，人们对蔬菜的食用价值有了深刻的了解，医书中也开始阐述蔬菜的食疗滋补作用。自此，烹饪的手法随着食物的丰盛而不断进步，开始注入文化内涵，逐渐成为一种技艺。魏晋南北朝时期，民族大融合在极大程度上带动了经济、文化的交融，从而促进了饮食文化的发展。

隋唐五代时期，随着经济的繁荣，食物的种类也不断增多。隋朝官员编写的《食经》中记载了许多菜肴，五代后蜀编写的《食典》有上百卷，记录了当时高超的烹调技艺。唐代的食物制作水平与当今有极大的相似度，主食有饭、馒头、面条、粥等，辅之以多种杂粮。肉食为更多人民享用，动物的内脏等也被制作成各类美食。

三、近古时期（宋元明清）

北宋时形成了北方主食以黍麦为主，南方主食以稻米为主的饮食差异。南宋初年，北方人南迁，南方人也开始食用面食，使得南北饮食差异逐渐缩小。到了宋元时期，不论是主食或是副食，种类增多的同时，烹饪技术也更加成熟，开始讲究色、香、味俱全的饮食文化。大城市开了许多的食店来满足人们日益刁钻的口味，反映出当时人们对于饮食的极高要求。饺子因其形得名"角儿"，元代的饺子多不用水煮，而是烤、烙、煎、炸。如今，除夕夜阖家团圆吃饺子，是任何山珍海味无法替代的重头大宴。

明清时期，商品经济发达，市集贸易兴盛，城市人口增多，人们的文化生活丰富多彩，蒙古族、满族特有的饮食文化与汉族传统食俗相融合，对饮食的发展也起到了促进作用。城市中的饭馆、酒馆、茶楼也比以前更多。此时期受儒家思想的深刻影响，饮食礼仪更加规范。

清代饮食文化中最具影响力的当属满汉全席，这道由三百二十品菜肴组成的体现民族特色的中华名宴，展现了我国古代饮食之丰富、制作之精巧、程序之复杂，也是中华民族大一统的体现，其中包括蒙古族食品、回族菜点、藏族水果，这使满汉全席成为五族共庆的盛宴。全席共分为六宴，其中包括冷荤热肴一百九十六品，点心茶食一百二十四品，有时鲜海味和山珍异兽，合用全套粉彩万寿餐具，配以银具，用餐环境典雅隆重，还请名师奏古乐，沿典雅遗风，礼仪严谨庄重，承传统美德。全席结束，尽享中华烹饪之博大，饮食文化之繁荣。

第二节 优秀传统饮食文化的基本特征

一、优秀传统饮食文化的内容

当人们以饮食方式作为社会文化剖析对象时，最先感觉到的就是纷繁复杂的食物现状。通过形形色色的原材料、名目繁多的食物以及风格多样的风俗习惯对这种现状进行必要的分析，将有利于人们更进一步地理解和识别这种现状所表示出来的与众不同，不然，人们就可能会被那些表层的文化现象所迷惑而得不到要领。

对社会文化内部构造进行剖析，有各种各样的角度与方式，可从如下几个层次对社会文化的内部构造加以认识：

（一）食物生产

食物生产包括对食品原料进行研究（开发、研究、培养），工业生产（栽培、饲养），食物加工与制造（家庭膳食、酒店用餐、工厂生产），食物原料及食品的保鲜、安全储藏，家庭食物器具制造，以及社会食物产品管理和组织。

食品原料的开发，往往由族群所在地的自然环境和人文环境而决定。依照食品的主要生产方式进行分类，分别有捕猎与开采、畜牧业、粗放式经营农业、精耕农业、机械化农业等。而食物加工制作技术也根据社会生产发展水平而产生了很大的差异。餐料加工与食品保鲜、安全贮存，食物器具制造，以及社会食物产品管理和组织等，在不同的社会群体之间也有明显差异。

人的流动、迁移，往往伴随着包含食物内容的文化交流，其食料的流通问题尤为突出。在食物做法的技艺领域方面，我国传统烹调方法以蒸、煮、炒等为主。而在不同地区或人群中的饮食方法又存在着较大的差异，主要表现在食物器具的造型和运用方法上的差别，分食与合食的比例大小不同，以及食物的食用方法上的差异；产生于各类聚会活动和餐事礼仪的宴席，在程式、菜点选用、酒水使用、服务设施等方面又各有不同。

在人类漫长的历史发展过程中，人们对待食物以及进食方式，也产生了很多相关的社会行为。例如，在欧美等很多国家，食盐一直是人们接待贵客、祝贺新人的最佳礼品。尽管到现在食盐已是最普遍不过的消费品，但这个古老的文化风俗却仍然顽强地保存至今。

尽管世界各地人民对待婚姻的态度不一，有时还存在着彼此相反的信念，但是所有的民族文化基本上都会以宴会、仪式、舞会以及公众庆典来纪念婚姻。而这些和饮食相关的活动、现象，都是文化的主要内涵。

（二）饮食思想

饮食思想主要涉及对食物的认识和理解。饮食思想一般是指某个群体对食物的态度或观点，更具体地说就是对食物在人们生活中的地位和意义、食物的宜忌、何谓美味、健康食物与养生、合理膳食等各种问题的了解与认知。某个族群中独特的饮食制造技能、膳食方法、饮食风俗与制度等，都是与其特殊的食物观念相互联系的。

换言之，正是因为特定的自然、经济社会条件而产生了特定的社会群体，进而形成了属于自身的关于食物的想法和认识，而这种想法和认识又经由具体的食物行为而体现。

（三）饮食习惯

饮食习惯，是指食物习惯、风俗、传统等。在中国风俗学中，"风俗"是指历代流传的、广泛传播于整个社会和集体的、或在特定环境条件下常常反复发生的社会活动形式，泛指文化习尚。再进一步解释，"风"是因自然环境的差异而产生的习尚；"俗"是因社会要求差异而产生的习尚。

因此，民俗除了带有传承性、社会性的特征以外，它也是自发性的，即人们的自发性的重复性行为。所以，由制度、规则而产生的经济社会活动，即使在社会上广泛流传，也不可称作"习俗"。

中国民俗文化之具体表现也被称为"民俗意向"，即中国民俗文化事件的外在形态或民俗活动的形式，或民间风俗的外表。民俗文化中的风俗习惯，除与前述饮食制作、饮食生活的事件有关之外，还涉及社会活动中的食物仪式、制度、节令，以及民事活动等具体内容。

二、优秀传统饮食文化的特征

（一）区域性

谈到我国食物的特色，"色、香、味、形"已经很好地融合到了一起，而这样的特色不但让人饱足，并且还从视觉感官上带给人一种精神层次上的体验。不过，尽管同样是我国的传统食物，但在不同的地方也呈现出截然不同的味道，就如人们常说的"南甜北咸东辣西酸"。

"南甜"特指我国上海、江苏一带的食物特点，他们烹调时的调料一般是以糖居多，如今我国八大菜系中的"苏菜"正是"南甜"的集中典型代表。应该说苏菜中如果缺少甜味，那就不能够称之为苏菜。

"北咸"一般特指我国北方地区的食物风味，多聚集在山东一带，因而也就创造出了我国著名的"鲁菜"。鲁菜在几大菜系中历史最久远，难度相当高，非常考验厨师的烹饪功底。

"东辣"主要说的是四川、湖北、湖南、重庆以及贵州等地民众对"辣"比较热爱，民间常有一句话"贵州人不怕辣，湖南人辣不怕，四川人怕不辣"，而其实生活在这些地方的人，饮食偏辣主要是因为他们的生活环境相对潮湿，吃辣的食物能促使体内发汗，从而消除毒素。

"西酸"主要是指以山西为主的黄土高原，由于这些地方的土壤当中含有大量的钙质，为避免在人体形成结石，就采用了这样的饮食方式。

由此可见，虽然我国的饮食在各个地区的情况千差万别，不过我们仍可以透过自身的饮食文化习惯发现不同地区民众的智慧，并透过食物让他们更能够适应环境。

（二）广泛性

中华大地幅员辽阔，自然地理条件多样，但是在古代人口众多，人均享有的食物数量较少，古代就有因为食物短缺而引起战乱的例子，让百姓吃饱是历代统治者需要首先解决的大事。不论是为了生存还是对美味的追求，人们对食物进行了极大的开发，这一点也体现了饮食的广泛性，同时造就了中华民族顽强的生存能力。

中国优秀传统饮食文化的广泛性不仅是因为中国食物原料的丰富，也得益于中国人民的勤劳与智慧。在封建时代，统治阶级有了物质基础，就会想方设法满足口腹之欲，而平民百姓为了生存，也会想尽办法搜寻一切能吃的东西。

自古以来，中国人就讲究吃得越丰富便越热闹、越有诚意。如果有客人到访，一定要准备一顿丰盛的菜肴；逢年过节，一家人团聚在一起，享用自己亲自下厨的团圆饭。如今，人们在享用各种食物、感谢自然的同时，也会感谢那些通过劳动和智慧成就餐桌美味的人。他们怀着对食物的感激与理解，在不断的尝试中寻求创新的灵感，而这些对味道的升华，久而久之就成为文化的一部分得以传承。

（三）独特性

中国优秀传统饮食文化具有一定的独特性，不仅包括食物命名方式的独特性，也包括食物制作方法、食用方式上的独特性。人们不仅根据主料、辅料、调料及烹调方法对菜品进行命名，也根据历史典故、神话传说、名人食趣、菜肴形象对菜品进行命名，如"龙凤呈祥""全家福""将军过桥""东坡肉""叫花鸡""狮子头""鸿门宴"。

（四）稳定性

人们总是在与时间赛跑，在哪里停下，就会在哪里支起灶火。但是，无论走到哪里，家乡食物在人们心中的地位都难以被外界因素所影响。饮食民俗在形成一种文化之后，代代相传，具有相对稳定性。我国地域辽阔，不仅体现在气候、自然环境和物产中，也形成了各区域不同的生活习俗和饮食习惯。尽管有所不同，但是在同一区域内，人们总是会把从先辈那里继承下来的饮食习俗传递给下一代，这不仅是对食物的传承，也包含了人们对家乡情感的寄托。在千百年的饮食文化中，这些饮食特性虽各有不同，但是在历史传承中代代相同，变化相对缓慢。

（五）融合性

文化并没有十分严格的区域划分，虽然各区域的饮食文化具有其自身的稳定性，但区域间的饮食随着经济文化的发展也处在不断的交流融合与变化之中。中国第一次大规模引进异域作物，是汉代张骞出使西域，带回了大量的西域作物，如葡萄、石榴、大蒜、胡瓜等，极大地丰富了中国饮食内容。第二次是在唐代，此时熬糖法从印度传入中国。第三次是明清时期，辣椒的传入，丰富了中国人的饮食口味，也促进了我国菜系的发展。古时官吏从宦、士子游学、罪犯流放，如今公私移民、贸易往来，都促进了饮食文化的交流。

第三节　优秀传统饮食文化的核心价值

一、优秀传统饮食文化的地位

当前社会条件下，温饱已不成问题。提高生活质量，满足身体健康需求，是大众普遍追求的生活目标。李时珍强调，饮食结构和饮食习惯在养生中占据着重要地位。《黄帝内经》也从中华民族生存环境的实际出发，为人类设计了"五谷为养、五菜为充、五畜为助、五果为益"的饮食营养方案，提倡"以素食、五谷为主，以荤食为辅，不偏食，不过饱"的饮食禁忌。饮食与身体健康的关系自古就有研究。在经济迅猛发展的快节奏工作环境下，无规律的饮食习惯、食养食疗的忽视会增加亚健康的人群数量。

优秀传统饮食文化中的食疗文化是其体现当代价值的重要部分，遵循和应用好能够提高大众的生活质量，降低亚健康人群数量，保持国民综合健康指数，实现社会人才资源的高效运转。

中国优秀传统饮食文化是传统文化的重要组成部分。孙中山先生在《建国方略》一书中说："中国近代文明进化，事事皆落人之后，惟饮食一道之进步，至今尚为文明各国所不及。中国所发明之食物，固大盛于欧美；而中国烹调法之精良，又非欧美所可并驾。"中国因其特有的饮食文化在竞争中展现了自身的民族特色。中国饮食从饮食结构的调和之美、餐具的形之美到烹饪技术制作功夫之美、刀工之美，都富有民族特色的风格美。这些意味着中国饮食不只是一种满足身体健康的生理活动，更是一种奇妙的心理活动，是一种充分体现文化特征的身心享受，令其他民族叹为观止。

二、优秀饮食文化的传承

中国饮食讲究的"礼",与优秀传统文化相互联系。春秋战国时期,人们便分外注重饮食礼仪,据史书记载,日常进食应体现出孝亲敬师,孔子在《论语·乡党》中指出应"食不言,寝不语",饮食同时讲究秩序和规范,坐席的方向、箸匙的排列、上菜的次序等,都体现着"礼"。这里的"礼"并不是简单的礼仪,还包含一种内在的伦理精神。这种"礼"的精神,贯穿在饮食活动过程中,从而构成中国饮食文明的逻辑起点。中国餐饮礼仪源远流长,在周代,饮食礼仪便有了整套的完善制度。

如今,在餐桌上,我们仍重视礼节。在生活中,人们会参加各种各样的聚会,了解和继承传统的用餐习俗,重视餐桌礼仪,不仅可以更加自然、娴熟地与人交往,还能提升气质,体现教养。

第四章　中国优秀传统礼仪文化的价值

中国优秀传统礼仪文化中的思想内涵，在当今社会仍具有巨大的时代价值。探寻优秀传统礼仪文化在当代社会环境中的发展困境，并做好优秀传统礼仪文化的价值分析，通过加强对优秀传统礼仪文化的学习，提升公众对优秀传统礼仪文化的认识，有益于更好地传承优秀传统文化思想，这是促进社会和谐发展、构建积极社会环境的有效手段。

第一节　传统礼仪文化的起源与流变

一、传统礼仪文化的起源

礼仪起源于原始社会生活。原始社会，刀耕火种，生产力严重不足，因而导致食物匮乏，个人间的矛盾激化，阶级关系逐渐显现。为了化解矛盾，长幼有序、尊卑有序的分食、进食秩序慢慢开始形成，"夫礼之初，始诸饮食"（《礼记·礼运》）。许多学者认为礼仪起源于古代的祭祀活动。在《说文解字》中，对于礼的解释是这样的："礼，履也，所以事神致福也。从示从豊，豊亦声。"礼在古代多指与祭神有关的活动，"示"是指神明。"仪"在《说文解字》中则为"度也，从人义声"。"仪"是法度。

在古代，"礼"与"仪"是一个意思，都是指古代的祭祀活动。祭祀是先民对自然力量敬畏的回应，为了祈求来年的福祉、规避来年的祸害而开展的一系列活动。自然是变幻莫测的，自然力有时候会给先民带来毁灭性的灾难，所以祭祀活动得以存续与发展。郭沫若在《孔墨的批判》中写道："礼是后来的字，在金文里我们偶尔看见有用豐字的，从字形结构上来说，是在一个器皿里盛两串玉贝以奉事于神，《盘庚》篇里面所说的'具乃贝玉'就是这个意思。大概礼起于祀神，故其字后来从示，其后扩展而为对人，更其后扩展而为吉、凶、军、宾、嘉的各种仪制。"

礼仪原本是人们对神明表示敬畏的一种方式，后来逐渐将这种行为方式用于人身上。《礼记》有云："凡治人之道，莫急于礼。礼有五经，莫重于祭。"（《礼记·祭统》）大概意思是在治理百姓的千万种办法之中，礼是最重要的了。礼分为吉、凶、宾、军、嘉五种，其中最重要的便是祭礼。祭祀不仅仅是先民的一种普遍行为模式，还一直沿用至今。祭祀对于先民来说是非常重要的，祭祀不仅能够缓和社会矛盾，而且还能使人民更加团结，使人们之间的关系更加和谐，从而形成社会规范，也就是礼仪。

关于礼仪的起源，还有学者认为，礼仪起源于风俗习惯。"礼以顺人心为本，故亡于《礼经》而顺人心者，皆礼也。"（《荀子·大略》）礼是要顺应民心的，即使在《礼经》上没有记载，但是从民俗中来的，顺应民心的风俗习惯，那也是礼。在古代，统治阶级为了维护自己的统治，需要建立一定的社会规范，礼仪也是其中之一。不是所有的民俗都可以成为礼仪，将风俗习惯进行规范化，按照一定的程序进行，并普遍用于某种活动中，才算是礼仪。在大多数情况下，礼仪与当地风俗习惯其实难以辨别清楚，因此，礼仪起源于风俗习惯还有待推敲。

二、传统礼仪文化的发展

礼仪并不是一成不变的，总是随着时间的推移发生着变化。时代改变礼仪的同时，礼仪也在推动社会的发展，推动社会文明的进步。"礼，时为大，顺次之，体次之，宜次之，称次之。"（《礼记·礼器》）统治者在制定礼仪时，要考虑是否合乎时宜，是否符合伦理，要因人而异，要与人情相符，要合乎身份。礼仪是符合时代潮流的具有一定程序的规则。

（一）原始社会时期

部落领导者为了巩固自己的地位，处理好错综复杂的部落关系以及农业生产与自然界不可抗力的关系，使人与自然、自然与农业生产、人与部落的关系和谐，以此达到团结一致，协作共赢，获得最大生存机会的目标，制定了礼仪。

（二）西周时期

西周，传统礼仪文化的发展进入繁荣时期。周公搜集整理了民间的风俗习惯、祭祀礼仪，以及夏、商之礼，形成了《周礼》。它包罗万象，内容从国家政治到人民日常生活，都有着翔实的规定。《周礼》的出现，使国家有了政治准则，人民有了道德规范，人民的日常生活有了行为标准。"周人尊礼尚施，事鬼敬神而远之，近人而忠焉，其赏罚用爵列，亲而不尊。其民之敝，利而巧，文而不惭，贼而蔽。"（《礼记·表记》）西周人推崇礼法，尚施惠，敬鬼神，不把礼仪作为政教中的内容，与之前的礼仪不同。西周之礼为中国成为"礼仪之邦"奠定了基础。

（三）春秋战国时期

春秋战国时期是公认的"礼崩乐坏"的时代，但也是"百家争鸣"的时代。这一时期社会动荡不安，群雄逐鹿。新建立的王朝需要新的思想、新的礼乐，因此，各种思想迸发出来，各个思想流派应运而生。以孔子、孟子、荀子为代表的儒家，礼乐思想逐渐趋于完善，为传统礼仪进入正统政治思想打下了基础。

（四）秦汉以后

秦汉之后，传统礼仪进入相对稳定的发展时期。宋代，程颐、程颢、朱熹创立"程朱理学"，将礼乐与理学相结合，其核心为"存天理，灭人欲"。"存天理，灭人欲"的思想禁锢了人的自由，礼仪也成了控制人们思想与行为的工具。明清时期，礼制也相应地发生变化，但万变不离其宗。清朝末年，由于政权腐败导致民生疾苦，广大人民群众生活在水深火热之中，传统礼仪自然而然地由盛转衰。近代以来，受外来文化的冲击，优秀传统礼仪文化受到了不小的打击。直至改革开放以后，优秀传统礼仪文化再次进入人们的视线。"取其精华，去其糟粕"的实事求是的精神，让人们回归理性，重新思考传统礼仪文化的价值，并赋予其新的时代精神与时代特征。同时，现今的优秀传统礼仪文化对提升国人的文化自信，构建中国特色社会主义有着重要的意义。

第二节　优秀传统礼仪文化的基本特征

一、优秀传统礼仪文化的内容

中国古代有"五礼"之说，即"吉礼、凶礼、军礼、宾礼、嘉礼"。其中，吉礼是用于祭祀的礼仪；凶礼是关于丧葬的礼仪；军礼是关于战争的礼节与仪式；宾礼是天子与诸侯、诸侯与诸侯、士与士之间相互会见以及接待宾客的礼仪；嘉礼则是一种在社会交往中处理人际关系、联络沟通感情的礼仪，主要有饮食、婚冠、宾射、燕飨、贺庆等礼仪。这些传统礼仪文化经过数千年的发展与嬗变，对人们的社会生活影响深远。

从受众的广泛性、长久性和通俗意义上来讲，中国优秀传统礼仪文化在内容上可以分为：生养成长礼仪文化、个人形象礼仪文化、社会交往礼仪文化、节日节俗礼仪文化等。

（一）生养成长礼仪文化

生养成长礼仪文化是人类社会生活中非常重要的礼仪文化活动，是人生进入各个不同时间阶段而举行的礼节仪式。生养成长礼仪主要有诞生礼仪、成年礼仪、祝寿礼仪等。

当一个崭新的生命呱呱坠地时，人们一般会举行多种仪式进行庆祝，诞生礼仪便随之产生。诞生礼大致有诞生、三朝、满月、百日、周岁等内容，其中周岁礼最为隆重。在周岁当天，婴儿要戴"长命锁"，行"抓周礼"，这是其人生历程中的第一个生日，也是今天人们庆祝"生日"活动的由来。生日礼传达着人与人之间的真切情谊，是人生道路上的重要里程碑。成年礼是男女青年跨入成年阶段举行的礼仪。在中国古代，男子成年行冠礼，女子成年行笄礼，其目的是促使成年男女获得一种"成人"的意识，使其深刻认识到自己身上所肩负的家庭与社会责任，从而更好地孝敬父母，报效国家与回报社会。祝寿礼是祝福老人健康长寿的礼仪。古代祝寿礼主要有送寿帖、设寿堂、行寿仪、吃寿宴、贺寿礼等仪式，祈福、祝愿老人长命百岁，享天伦之乐。

（二）个人形象礼仪文化

个人形象礼仪文化是社会个体在长期的日常生活中形成的礼仪行为规范，

是一个人内在道德品质与礼仪文化修养的外化，主要包括仪容、仪态、仪表、言谈举止等方面。

大方的仪容，得体的仪态，整洁的穿着，温和的言语，是古代君子拥有美好形象的必备要素。中国古人时刻注重自己的仪容仪态，讲究容颜庄肃，神态端庄，即使是笑，也不能过于轻率放浪。此外，古人还高度重视自己的衣着。正所谓"中国有礼仪之大，故称夏；有服章之美，谓之华"。

中国古代服饰华美，艳丽夺目。在历史上，各朝各代都有自己独具风格的礼仪服饰，且不同的礼仪活动，必须穿戴不同的礼服。但需要强调的是，古代社会并非只重外表，而是主张表里一致。古人认为，美丽的仪容、漂亮的服饰必须与美德相称。一个人只有具备谦虚的态度、诚实的内在以及美好的品行，才能不失君子的气质与风度，才能对外展现出良好的个人形象。反过来讲，我们也能够从人的外在言行中看出一个人的内在德行与教养。由此可见，个人形象礼仪对于个体的成长与发展至关重要。

（三）社会交往礼仪文化

社会交往礼仪文化是人们在社会交往活动过程中形成的行为准则与规范，是一种亲近人际关系、联络沟通感情的礼仪文化。社交礼仪主要包括称谓礼仪、相见礼仪、书信礼仪、宴请礼仪等，其核心是尊重、礼貌、适度、自律。称谓礼仪是人们在日常交往中称呼他人的礼仪。在古代社会交往中，称呼不可随意乱用，必须选择符合彼此身份以及年龄的恰当称谓，以示对对方的尊敬。称谓礼仪一般有姓名称谓、亲属称谓、职务称谓等类型。相见礼仪是人与人日常相见时的一种重要礼节，以此表示友好之意。人们日常见面既要热情，也要有礼。古人见面有作揖礼、抱拳礼、拱手礼等礼节，除此之外，还有"介绍、辞让、奉贽、还贽"等相见礼节。书信礼仪是人与人之间相互沟通、联系的礼仪形式，其中的书信格式、称谓语、思慕语、祝愿语以及署名敬辞等非常讲究，体现出人与人之间谦敬、尊卑的礼仪关系。中国古代十分重视书信礼仪，有《内外书仪》《书仪》等书信礼仪专著。古代书信根据收信人年龄、身份、性别的不同而有所区别。宴请礼仪是古代宴饮活动中的一种礼节仪式。我国早在远古时代就已经形成了完整的包括座次、入座、布菜、进酒等内容的宴请活动礼仪。中国传统社会尊礼重礼，礼仪也成为每个人必备的社交技能。人是社会的人，人们只有学礼仪、懂礼仪，才能够在社会交往中创造出和谐融洽的人际关系，进而提升自身的人际交往能力。

（四）节日节俗礼仪文化

节日节俗礼仪文化是人们在长期的共同生活与社会实践过程中建立与传承下来的生活习惯与文化习俗，它是一种群体的社会共识，体现的是中华民族共有的文化认同与价值追求。中国有许许多多的传统节日，如春节、元宵节、清明节、中秋节以及重阳节等。在春节，人们扫尘、拜年、吃饺子，以除旧布新、迎禧接福。在元宵节，人们观灯、舞狮、吃汤圆，以求新的一年平安顺遂、国泰民安。在清明节，人们扫墓、踏青、插柳，以缅怀英烈、弘扬孝道亲情。在中秋节，人们举家团坐，饮酒赏月，同分月饼，取团圆和合、幸福美满之意。在重阳节，人们登高远足，喝菊花酒，吃重阳糕，向老年人表达敬意。在数千年的历史发展进程中，中国传统节日与节俗礼仪文化早已成为人们自觉遵守的群体习俗与生活模式，对于维系社会整体生活的和谐以及国家政治的稳定起到了重要作用。现代社会也愈来愈重视中国传统节日与节俗礼仪文化，每逢传统节日，人们都会按照当地的传统节日礼俗提前准备，隆重庆祝，使中国优秀传统节日节俗礼仪文化能够世代相传，绵延不绝。

中国优秀传统礼仪文化种类繁多，几乎囊括了人们社会生活的各个领域。

中国优秀传统礼仪文化不仅严格规定了古代民众在社会生活中的行为，而且深刻地影响着现代人的生活方式与价值观念。

二、优秀传统礼仪文化的特征

优秀传统礼仪文化底蕴深厚，博大精深，在长期的历史演变与发展过程中不断融入新思想、新观念、新内容，形成了自己独具特色的礼仪风格，具有普遍性、规范性、继承性、发展性等特征。

（一）普遍性

礼仪作为人类社会普遍存在的一种文化现象，无论是古今，还是中外，只要是有人类生存与居住的地方，就存在着各式各样的礼仪规则与约定。可以说，中国优秀传统礼仪文化及其礼仪活动普遍存在于人类社会生活的政治、经济、文化、社交等众多领域，是全体社会成员共同认可与集体遵守的礼仪制度与行为准则。各个国家的传统礼仪文化会受其历史传统、宗教信仰、文化习俗、发展水平等因素的影响而有所不同。就个人而言，每个人的礼仪文化知识与礼仪修养水平也千差万别。中国优秀传统礼仪文化有其合理性，人们在社会交往中都必须普遍依据与遵循，并能够按照一定的礼仪规范复礼克己、谨言慎行。此外，中国优秀传统礼仪文化的普遍性还表现为中国传统礼仪文化约束着人们的日常行为，展现着中华民族共有的礼仪精神风范。

（二）规范性

中国优秀传统礼仪文化是人类在共同生活的基础上约定俗成、普遍认可且共同遵循的社会准则、道德规范与法律要求，在生活中，它对人们的一言一行起着约束与规范的作用。在社会准则方面，中国优秀传统礼仪文化明确规定了涉及人们日常生活的衣、食、住、行等方面的基本礼仪，规范着人们的日常行为，引领文明向善的社会新风尚。在道德规范方面，中国优秀传统礼仪文化蕴含着"爱国守法""明礼诚信""团结友善"的道德规范与礼仪精神，要求人们时刻牢记社会公德、职业道德、家庭美德，并能够加以遵守。在法律要求方面，中国优秀传统礼仪文化的本质精神在我国诸多法律条文中都有具体体现，要求人们知礼守礼，遵纪守法，自觉维护良好社会秩序，营造和谐的社会氛围。可以说，中国优秀传统礼仪文化既是社会准则，又是道德规范与法律要求，具有极强的规范性。

（三）继承性

中国优秀传统礼仪文化作为中华民族传统文化中的重要内容被传承与弘扬了几千年，并且能够经久不衰，愈发熠熠生辉，更说明了其具有强大的生命力。传统是一个国家、一个民族的根本。因此，中国优秀传统礼仪文化的永续发展离不开对中国优秀传统礼仪文化的继承，中华民族也不可能抛弃民族传统文化而重新开始。当今社会的许多礼仪都是在继承优秀传统礼仪文化的基础上发展而来的。例如，端午节、中秋节、重阳节等传统节日中的一些优秀礼俗习惯以及中华民族尊老爱幼、谦恭礼让等优秀礼仪精神，都是对古代中国优秀传统礼仪文化的继承。在漫长的历史长河中，这些优秀传统礼仪文化无时无刻不在影响着人们的思想，规范着人们的行为，塑造着人们的社会生活。此外，中国传统礼仪文化的传承性，不仅在于世代相沿、固定成习，更在于去其糟粕、推陈出新，在变化发展中得到传承。

（四）发展性

中国优秀传统礼仪文化的形成本身就是一个动态的发展过程，伴随着人类社会的发展与进步，它一直处在不断的变化与更新之中。中国优秀传统礼仪文化作为一个大型的动态系统，包含着新、旧礼仪文化的磨合与变更。这种磨合与变更必须在中国优秀传统礼仪文化这种动态系统中转化完成，且必须适应新形势下新的实践发展要求。近现代以来，随着社会的发展、历史的进步以及中外文化交流的频繁，中国优秀传统礼仪文化不断与世界各国礼仪文化相互影响、渗透、交融，进而不断被赋予新的礼仪文化内容与思想，不断发展与完善，逐步演变成中国现代礼仪文化。

第三节 优秀传统礼仪文化的核心价值

礼仪文化是中国传统文化的核心内容之一，在千百年的发展过程中，虽然经历了大起大落，其精华却被保留了下来。中国优秀传统礼仪文化是中国优秀传统文化中不可缺少的一部分，有着不可估量的价值。

一、优秀传统礼仪文化对个人成长的价值

（一）对塑造完美人格的价值

人是社会性的动物，是社会关系的总和，马克思曾这样说过，每个人都有着不同的人格，但同时要与社会相契合。我们常说，一个人有人格魅力，并不是说这个人与社会格格不入，而是能够融入社会，有一定的风格与风度，能够处理好错综复杂的社会关系。这里的风度、风格，指的是人的行为方式、思想过程与处事风格。人格就是人的信仰和情操、态度和兴趣、气质和习惯以及价值观的总和，它是人的内在素质与外在素质的有机统一。

人是一件完整的艺术品，完美的人格包括先天的美与后天的美。先天的

美即自然的美，而后天的美则是社会性。社会性包括很多方面，如前文所提到的风格、风度。传统礼仪教育就是将行为方式、思想过程与处事风格融入礼仪过程中，以此来塑造一个人的完美人格。

人格的形成离不开环境的影响，除了天资，还有后天的影响。完美人格的形成，离不开礼仪故事的熏陶。在中国传统文化中，故事占据了很大一部分，而这些故事中，又有很多是关于礼仪教育的故事。这些故事潜移默化地教育着中国人，如负荆请罪、孔融让梨等。

优秀传统礼仪文化教育对完美人格的塑造主要是通过潜移默化影响人的思想、约束人的行为方式以及教人待人接物三个方面进行的。

（二）对养成文明习惯的价值

礼仪教育在一定程度上就是养成文明习惯的教育。礼仪实际上是一种文明行为准则，是规范人的生活行为与待人接物的准则，也是规范个人仪容冠服、言行举止的准则。良好的行为习惯会让人受益终身。

中国传统礼仪教育在行为习惯的培养上规定得比较细致，甚至可以说是非常烦琐。在人成长的各个阶段，生活的各个层面都有相应的礼仪活动。由于个人从小就耳濡目染这些礼仪，感受其中的思想文化，自然而然就习得了这些礼仪，从而逐渐养成了良好的文明习惯。

良好的文明习惯并不是只在表面上下功夫，也不是片面地来展现一些言行举止。真正的文明习惯是发自内心的，是在受到完整的熏陶、教育、实践后才建立起来的行为习惯。传统礼仪教育将许多良好的习惯放到日常的礼仪活动之中，使人每时每刻都处在礼仪的规范之中，经过这样长期的熏染，人们自然而然就养成了社会日常生活中所要遵循的行为习惯。

（三）对提升道德修养的价值

礼仪教育的主要内容是道德教育，道德教育又是当前教育的核心内容之一。道德可以有效地调节社会关系，使人们认同当前社会所倡导的社会主义核心价值观与行为规范，并且能使人们自觉地调整自己的思想与行为，以契合当前社会所运行的秩序。一个人是否有道德，体现在多个层面。这些层面包括道德感的高低，行为习惯是否良好，语言表达是否得体，文化艺术水平的高低，以及心理素质的好坏。《论语》中提到"质胜文则野，文胜质则史。文质彬彬，然后君子"，说明一个人有了良好的品质，但是没有礼节，他同样是无礼的。一个人有礼却品质不好，那一样也是无礼的。因此，礼仪教育注重多方面共同发展来提升一个人的道德修养。

"近朱者赤，近墨者黑"，引申意思就是靠近品质好的人，那他就会变好，说明环境对一个人的发展有很大影响。礼仪教育则要求自上而下地展开，也就是社会整体环境要是好的，包括礼仪制度、礼仪教育环境、礼仪教育对象以及教授礼仪教育的人。本质上，礼仪教育对人的影响就是社会环境对人的影响，是社会关系对人所施加的影响。

优秀传统礼仪文化的主要内容为修身，修身其实就是对个人品德进行提升的过程。"仁、义、礼、智、信"一直是修身所提倡的核心与评价标准。礼仪教育将思想观念、行为准则等融入礼仪实践中，以此来提升个人的道德修养。

二、优秀传统礼仪文化对规范社会生活的价值

（一）对促进社会公德建设的价值

社会公德是全社会为了追求共同的社会效益而形成的道德准则。建设社

会公德首先要提高一个人的社会公德，而提高一个人的社会公德，要先提高一个人的个人素质。个人素质体现在思想道德水平、文化修养以及社会交际能力上。其中，思想道德是根本性的，一个人没有好的思想道德修养，是无法为别人服务的，更别说为社会服务了。思想道德修养低的人，不仅容易给自己带来麻烦，而且也会给别人带去困扰，更会给社会带来不好的影响，甚至降低社会公德水平。

传统礼仪教育认为礼仪是一种自律行为，而自律又是社会公德中所要达到的最高境界。《论语》有云："己所不欲，勿施于人。"即自己不喜欢的，也不要强加给别人，这是对自律最好的阐释。同时，传统礼仪又能唤起人最本真的一面，要求关注社会，注重社会公德。"老吾老以及人之老，幼吾幼以及人之幼。"（《孟子·梁惠王上》）在赡养、孝敬自己的长辈时，不能忘记其他与自己没有血缘关系的老人，在抚养、教育自己的孩子时，不能忘记其他与自己没有血缘关系的小孩。在社会生活中，不仅要关注与自己有关的事情，还要关注他人、国家，不可自扫门前雪。社会公德的建设不是一朝一夕就能完成的，优秀传统礼仪文化对社会公德建设的价值是显而易见的，因此要重视礼仪教育，重视中国优秀传统文化，以此来推动社会公德建设。

（二）对加强社会交往教育的价值

优秀传统礼仪文化不仅是维持人伦常理的准则，更是社会交往中必不可少的行为准则。"往而不来，非礼也；来而不往，亦非礼也。"（《礼记·曲礼上》）人在社会中总是会与别人产生交集，在处理错综复杂的人际关系时，应当遵循礼尚往来的原则。有往无来是不合礼仪的，有来无往也是不合礼仪的。当自己尊重别人的时候，别人也会尊重你。

当一个人不懂礼仪时，他会被社会所排斥，往往会自动脱离与他有关的社会关系，还有可能引起不必要的矛盾与冲突。当前，信息时代的快速发展，使许多人认为社交是一件易如反掌的事情，但真正处理起这些关系时却显得手足无措。社会交往不仅是与认识的人，即乡邻、友人、恋人、亲戚等，还有与不认识的人。在处理这些社会关系时，遵循礼仪的基本规范，能体现出一个人的家庭教养。

优秀传统礼仪教育在社会交往教育中包含了冠服礼仪、餐桌礼仪、交往礼仪、商务礼仪等。通过礼仪教育，可以使人自觉遵守相应的社会交往准则，从而使社会交往更和谐、社会关系更和谐，从而减少社会矛盾。

三、优秀传统礼仪文化对提升国家形象与文化软实力的价值

（一）对营造良好国家形象与和谐外交关系的价值

"礼之用，和为贵，先王之道，斯为美。"（《论语·学而》）古代帝王在治理国家，使用礼的时候，以和谐最为可贵，这也是古代帝王治理国家最完美的状态。在治理国家时，要用到"礼"，不用"礼"来规范而形成的"和"是不可行的。虽然"和为贵"，但是还要强调"礼"的作用。"德不孤，必有邻。"（《论语·里仁》）这句话从个人层面来说，说的是有道德的人，一定会有人来相陪，不会觉得孤单。从国家层面来看这句话，则是施行仁义的国家，以礼待客的国家，讲求和谐的国家，必定会有他国前来建交，不会被孤立。传统礼仪教育中的"和"讲究的是和而不同。"君子和而不同，小人同而不和。"（《论语·子路》）和而不同是待人处世的一种态度，要做到和而不同，首先要承认差异，而不是追求相同、盲目附和。"和"还有一定的秩序，需要了解事物之间的自然规律，找出基本方法与路径才能达到和谐。认识事

物各方面的属性以及相互联系，才能够统筹全局，协调各方面的平衡，达到人尽其才、物尽其用的境界。

（二）对提升国家文化软实力的价值

文化软实力其实并不是一个新的概念，在中国几千年的历史长河中，其实早已出现这种思想。"得天下有道，得其民，斯得天下矣。得其民有道，得其心，斯得民矣。得其心有道，所欲与之聚之，所恶勿施尔也。"（《孟子·离娄上》）想要得到天下，就要得其民，得其民，就要得民心。得民心看似简单，实则做到不易。得民心首先要做到自身正，身正才能使人信服，要做到仁德，从而使人不令而从，然后才可颁布礼仪规定，使人民遵照执行，最后才能达到人民所期望的社会状态，才可给予人民所期望的东西。古代礼乐盛行，礼仪在古代强调教化。礼仪活动中有许多祭祀活动，此种活动首先是要人们学会敬畏，无论是对自然，还是对社会、对人。其次是注重规范化的准则，按礼仪行事。礼仪教育还注重体验，在实践中学习礼。同时，礼仪教育还能帮助人们提升对民族、对国家的认同感与自豪感。传统礼仪教育最核心的目标是陶冶一个人的情操、培养一个人的德行，从而使社会变得有秩序，使国家成为礼仪之邦。

当前世界正发生着日新月异的变化，中国也发生着巨变。中国正进入新时代，主要矛盾已经变为人民日益增长的美好生活需要和不平衡不充分的发展之间的矛盾。只有人民生活美好，社会平衡充分发展了，国家才会繁荣富强。而人民生活美好，不仅仅是解决温饱的问题，更是应满足其精神文明需求。礼仪教育活动渗透在日常生活工作中，包括社会主义核心价值观、电视、电影、广告、礼仪活动等。这些礼仪教育活动不仅能提升精神文明水平，而且还能提升国家文化软实力。

第四节 优秀传统礼仪文化的弘扬路径

一、注重个体养成,提高礼仪文化涵养

中国自古以来就有"礼仪之邦"之称,是著名的文明古国,优秀传统文化的传承要依靠每一个中国人的努力。而在传播过程中,优秀传统文化散发出来的强大文化力量,将使中国巍然屹立于世界文化之林。同时,作为独立的、有思想的、有意识的个体,我们每个人都具有主观能动性,应该做到修身慎独,通过个体的养成提升自身的礼仪文化涵养。

(一)提高学习优秀传统礼仪文化的意识

我国是一个文化大国,中国优秀传统礼仪文化的落脚点和影响效果最终都要回归到个人身上,并从个体的思想和行动中表现出来。中国优秀传统礼仪文化渗透在每个人的日常生活中,但是还有一些人没有真正理解、吸纳它,有的人甚至忽视其重要性,了解和学习它的态度也比较敷衍,认为了解和学习的意义不大。同时,在礼仪文化方面,家庭教育也容易出现缺失的状况,个别家长对孩子教育不当,家教不到位,家庭作为传承优秀传统礼仪文化的重要阵地遇到挑战,这些缺失礼仪素养的现象都值得我们反思自己的行为。通过学习知识提高自身的意识固然是重要的一步,但是也要发挥主观能动性,对照他人的优点来回顾、检查自身的思想和行为。

(二)拓展自身优秀传统礼仪文化的知识

在日常生活中,每个人都要积极、主动地了解和学习中国优秀传统礼仪

文化的相关知识，丰富自身的知识储备。例如，在闲暇时阅读相关方面的书籍、报纸杂志和文献资料，徜徉在中国优秀传统礼仪文化的浩瀚海洋中，在史书典籍中领略它深邃的思想；还可以观看与中国优秀传统礼仪文化有关的纪录片和综艺节目，提高自己的审美素养，做一个脱离低级趣味、拥有高雅品位的人；或者是通过参加各种社会志愿活动，从中体会服务他人、服务社会的快乐，真正领悟中国优秀传统礼仪文化的价值所在。

可以参加以中国优秀传统礼仪文化为主题的知识竞赛，在比赛的过程中学习中国优秀传统礼仪文化知识。值得注意的是，人们在与陌生人的交往中更能锻炼自己的胆量和礼仪文化素养，一言一行都做到矩步方行，再加上彬彬有礼的谈吐，往往更容易得到他人的赞赏。同时也要注意自己在语言、行为、打扮方面的细节，中国优秀传统礼仪文化讲究礼仪适宜，但是如果过分地不拘小节，也会影响个人形象，所以要从生活中的小细节入手，规范自身行为，认真仔细地履行中国优秀传统礼仪文化中团结友爱、孝敬父母、尊敬师长、与人为善、谦虚礼貌、诚信待人等方面的要求。

（三）提升对优秀传统礼仪文化的运用能力

提升对中国优秀传统礼仪文化的运用能力，就是要将其从形式上释放出来，在社会的发展空间中作为一种实实在在的存在。提升对中国优秀传统礼仪文化的运用能力，自信是必不可少的，要将其外化到我们日常生活的言行举止之中，而不是只注重表面形式。中国优秀传统礼仪文化作为传统文化的重要组成部分，不断地进行创新和改善也是必需的，这要求我们从个人抓起，在日常生活中坚守中华民族的优秀传统文化底蕴。只有不断地提升运用中国优秀传统礼仪文化的能力，才能进一步加强精神文明建设，才能进一步提高国家的文化软实力，才能进一步传播社会主义核心价值观。社会主义核心价值观是作为意识形态方面的主要阵地，将其大力弘扬，对于提升运用中国优秀传统礼仪文化的能力具有重要意义，所以需要进一步加强重视。我们可以积极主动地投入各种志愿服务、公益活动，从中体会帮助他人、服务社会的快乐，进而引起社会的广泛关注和参与，感悟中国优秀传统礼仪文化中倡导的与人为善、仁爱和谐元素的真谛；可以为维护社会的安宁稳定不断积累经验和知识，在追求自己的梦想与实现祖国发展的过程中不断丰富自己，提高自身的实践运用能力，动员全社会的力量来保证国家的长治久安，只有与实践相融合，才能彰显中国优秀传统礼仪文化的独特价值。

二、深入家庭日常进行礼仪文化熏陶

（一）转变家长礼仪教育思想观念

家庭在人成长成才的历程中是关键的枢纽站，家庭教育对一个人的成长起着至关重要的作用。"家长，特别是父母对子女的影响很大，往往可以影响一个人的一生"。因此，家长不仅要以身作则，规范自身的行为，而且还应该格外重视对子女礼仪文化方面的培养，这也是传承中国优秀传统礼仪文化的一种路径。

父母慈爱、子女孝敬、家庭和睦、邻里团结是中国优秀传统礼仪文化一直提倡的。家长作为子女成长路上的航标，应该教导子女学习中国优秀传统礼仪文化，树立正确的价值观。父母要强化孩子学习中国优秀传统礼仪文化的意识，培养孩子的礼仪文化素养就要从子女的日常生活着手，引导子女树立遵守礼仪规范的意识，规范子女在衣食住行、待人接物等方面的行为。"家之兴替，在于礼义，不在于富贵贫贱"，所以对于父母来说，想要教导子女养成高尚的品德和良好的生活习惯，就要改变以往的教育理念和方式，对于中国优秀传统礼仪文化的传承要从日常中的小事做起、从生活中的细节着手，端正子女学习中国优秀传统礼仪文化的态度，提高子女的礼仪文化涵养。

（二）发挥家长礼仪文化榜样作用

首先，家长要做到言传身教，为孩子树立榜样，注意自己的举止行为。传承中国优秀传统礼仪文化，可以从转变传统的教育理念开始，直到影响孩子道德观、价值观的养成。从中国优秀传统礼仪文化核心元素的学习开始，家长可以在生活中教导孩子要端正言行举止，营造浓厚的学习氛围，让孩子耳濡目染。开展从饭桌上的中国优秀传统礼仪文化教育到生活中方方面面的中国优秀传统礼仪文化教育，从小教孩子学习问候语，在自己学习的同时督促孩子一起参与学习。例如，可以和孩子一起观看和中国优秀传统礼仪文化有关的书籍、电影、电视，在这个过程中适当地启发和引导孩子，深化他们在思想上的认识，使孩子形成做优秀传统礼仪文化传承者的意识。

其次，家长可以给孩子讲述古往今来优秀的榜样故事，鼓励孩子要向榜样学习。自古因仁民爱物、大公无私、洁己从公、临财不苟而赢得赞誉的名人不可胜数。刚正不阿的包拯，不仅自己一生为官清廉，而且严格要求后代；一腔赤胆忠心的岳飞，严格教育自己的儿子要一心为国；有民族英雄之美誉的清代名臣林则徐，他的家训就明确讲到"行止不端，读书无益"，也就是说如果一个人的言行举止不得体，读书再多也没有用。

总之，家长以身作则，当好学习的榜样，就像是无声的教导，潜移默化中孩子就已经得到了深刻的教诲，在无形之中不仅传承了中国优秀传统礼仪文化，而且还能使其生生不息、继往开来。

(三)细化家庭礼仪文化教育内容

中国优秀传统礼仪文化的涵盖面非常广,其内容涉及日常生活中大大小小许多方面。传承中国优秀传统礼仪文化,离不开家庭教育。古代社会,对于优秀传统礼仪文化的教育主要依靠私塾和家庭进行教育学习,到现代社会,虽然教育的方式方法变得相当广泛,但是以家庭作为教育阵地依旧是其中不可缺少的一个重要方式。在家庭教育过程中,要细化中国优秀传统礼仪文化,结合家庭生活的实际情况和具体情境选择适宜的传承内容。尊老敬贤是中国优秀传统礼仪文化中的重要元素,家长可以运用传统的孝道经典故事对孩子进行教育,从小培养子女仁爱孝悌的优良品德。家长在选择指导孩子学习的内容时,要确保内容的准确性和完整性。同时要积极参与以弘扬仁爱、孝悌、礼仪为主题的活动,广泛开展克勤克俭的中国优秀传统礼仪文化创建活动,挖掘历史长河中沉淀的优秀家教家训典范,整合其中的内容,并细化到家庭礼仪文化教育当中。

总之,中国优秀传统礼仪文化的传承内容需要不断进行整理,并且要细化到具体的生活实践中,只有被社会和人民群众普遍认可和接受,才能最大限度地发挥它的作用,同时在潜移默化之中影响人们。由此可知,勉励孩子学习中国优秀传统礼仪文化的一个重要步骤就是要细化家庭礼仪文化教育内容,细化家庭礼仪文化教育内容又是人民群众学习中国优秀传统礼仪文化的重要一步,它能对整个学习过程产生重要的影响。

三、完善优秀传统礼仪文化创新发展机制

开展丰富多彩的礼仪文化活动可以有效地实现优秀传统礼仪文化的价值。随着科学技术的不断发展,文化活动的形式越来越丰富,并且能够生动展示

一些抽象的思想理念，并产生很好的教育效果。创新活动平台能够使古老的礼仪文化迸发出新的魅力，从而有力地推动礼仪之风建设。

（一）完善礼仪文化产业体系

发展礼仪文化产业既能直接体现礼仪文化的经济价值，又能为礼仪文化的进一步发展提供源源不断的资金支持。当前，我国礼仪文化产业经营项目主要集中在以下几个领域：

一是婚庆产业。这是分布最为广泛，也是最常见的以经营礼仪文化为主业的产业，主要涉及婚纱礼服、婚纱摄影、婚礼服务、婚宴、珠宝首饰，甚至还延伸至家电、家具、床上用品、室内装修、房地产、汽车、旅游、银行保险等行业，形成一个巨大的产业链条。目前，这一行业比较分散，大都为一些中小个体企业经营，缺乏规范性、行业标准和正确的引导。

二是丧葬业。丧葬是中国人十分讲究的一种礼仪文化现象，如今与丧葬发生关系的各种支出日渐庞大，包括各种丧葬用品、丧葬服务、墓地、祭奠用品等。这一行业因其巨大的利润受到众多商家的追逐，目前已经形成相当大的市场规模。然而，其中鱼龙混杂，需要我们进一步规范，既要实现产业经济效益，又要推广礼仪文化。

三是礼仪培训咨询业。主要针对宾馆、酒店、旅游、庆典、表演等服务行业开展各种商务礼仪培训，以及各种职场礼仪、涉外礼仪、节日礼仪的咨询服务。培训需取得国家资质，由劳动部门统一组织进行礼仪培训师的资格考试认定。因此，这一行业相对比较规范。

四是礼仪图书出版、影视作品类。目前，关于礼仪的图书、影像资料众多，还有许多影视作品也需要消费大量的礼仪服务，都属于礼仪文化产业的内容。

五是礼品业。目前，我国是世界上最大的礼品生产国和出口国，全国礼品生产企业超过万家，这些礼品主要包括国务政务类、商务促销类、节庆纪念类、休闲园艺类、装饰饰品类、票币收藏类等六种。这属于新兴产业，市场潜力巨大，但竞争也异常激烈。

礼仪文化产业的大力发展，有力地促进了人们对礼仪的重视，并普及了礼仪文化知识，有利于促进社会和谐和文化发展。它具有经济增长功能、意识形态塑造功能、教育和文化传播功能。充分发挥礼仪文化产业的教育功能需要政府有关部门加以正确引导，规范人们的礼仪行为，促进合理的礼仪文化消费。

（二）创新礼仪文化活动平台

礼仪活动是指为加强礼仪文化传播，促进人们重视礼仪，加强礼仪规范，形成良好礼仪习惯而开展的各种公益活动。

一是积极开展孝文化传播活动。孝是中华礼仪文化最主要的内容之一。孝文化在我国既有根深蒂固的穿透力，又有广泛的影响力和号召力，倡导孝文化是政府的重要职责。当前许多地方政府都结合媒体开展了许多关于孝文化的传播活动，如评选十大孝星、开展各种有关孝文化的征文研讨等。

二是开展文明城市、文明单位创建活动。各级政府都设有文明建设委员会，对辖区内各单位的文明建设进行指导、督促、检查和评比。在文明单位的评价指标体系中，礼仪文化、文明礼让、人际和谐、公共秩序等应该占据重要部分。同时，要扩大文明城市、文明单位的品牌效应，使整个社会都学习和争当文明先锋。

四、将优秀传统礼仪文化融入思政课堂

优秀传统礼仪文化的核心元素中蕴含着丰富的思想政治教育资源，在当

下，社会、企业于人才有了更高的要求，学校肩负着教书育人的重任，必须重视对中国优秀传统礼仪文化方面的教育。

（一）科学选择融入的内容

中国梦是一个耳熟能详的名词，但是要知晓它的意义，就要从它的根源探查。如今，不仅要继承符合时代潮流、具有积极作用的中国优秀传统礼仪文化的内容，而且要从中华文化几千年的文献史籍中获取题材、提取养分。特别值得注意的是，要让学生把知晓的优秀传统文化融入生活实际，中国优秀传统礼仪文化作为优秀传统文化的一部分，也可以融入教材。礼乐能够生动地感化人们的心灵。可以采用调查研究法，借助学校社团组织和官方网络平台承办各种思政课实践活动，还可以在寒暑假组成实践队进行实地调查研究，考察不同地方的风俗民情，利用思政课堂学习生活中的中国优秀传统礼仪文化，广泛吸纳学生参与其中，体验古人的生活，培养热爱祖国、热爱人民的高素质人才，创造出繁荣富强的文化局面。

中国优秀传统礼仪文化的创新发展要紧扣社会主义核心价值观。中国优秀传统礼仪文化表现出来的诚信、尊重、公正、和谐的理念，反映了人们的普遍愿望及基本诉求。高校要寓中国优秀传统礼仪文化于文明礼仪教育之中，内容不能过于单调，否则会使学习者失去兴趣。将中国优秀传统礼仪文化融入思政课堂可以与社会主义核心价值观相融汇，展示中华文化的魅力，给中国形象贴上一个特色的文明礼仪标签。理论教育法是众多学科在很多教育场所都能采用的教育方法，也是我国的基本教育方法。将中国优秀传统礼仪文化中反映时代精神的模范人物和先进事迹，与社会主义核心价值观中相关联的内容进行融合，并撰写出相关教学案例，在思想政治教育课堂上讲授，从而形成优质的学习环境，进而营造对学生进行思想政治教育的良好氛围。将中国优秀传统礼仪文化落到实践当中，让更多的人看到中国优秀传统礼仪文化的魅力，有助于形成巨大的"舆论"磁场，由此带动在校学生乃至群众不断地深入学习，为继承和弘扬中国优秀传统礼仪文化奠定基础。

（二）优化融入的具体方式

时代在不断发展变化，学生的思想观念和行为方式也在不断地变化，不断创新教育教学模式，是保持理论课充满时代性与吸引力的重要手段。

创新教育教学模式，教学者首先就需要将理论课堂变活，让学生感兴趣，只有学生有兴趣他们才会愿意去听。所以，学校的优秀传统礼仪文化教育应该针对不同的教育阶段制订不同的礼仪文化教育体系和教育课程，并将其作为正规课程或者正规专业纳入教学计划，每学期期末组织相应的检测，并逐渐从理论传授转变为理论与实践相结合的授课模式，使受教育者从内心接受中国优秀传统礼仪文化教育。中国优秀传统礼仪文化教育是一个复杂且循序渐进的过程，学校应根据其个性化特征，采取合适的渠道和方式，安排适合不同年龄阶段学生学习的内容。

其次要围绕立德树人的根本任务，把中国优秀传统礼仪文化全方位融入思想政治教育课中。应将其纳入幼儿园、小学、初中、高中、大学的学习阶段，贯穿学生的整个学习生涯。以幼儿经典读物为出发点，将中国优秀传统礼仪文化中有代表性的榜样故事以图画的形式讲给幼儿园小朋友听；以小学、中学教材为重点，将中国优秀传统礼仪文化的元素穿插入课本中；将中国优秀传统礼仪文化的学习与高校学生思想道德素养的培育结合起来，每周增加课程的次数，可以适当安排与之相关的课外实践课，分层次、分内容，使学生在学校教育中始终受到中国优秀传统礼仪文化的熏陶和感化。还可以在党校、行政学院等地的培训和教学中增加中国优秀传统礼仪文化课程，把中国优秀传统礼仪文化课作为必修课程。同时要加强中国优秀传统礼仪文化的学科专业和研究平台建设，为中国优秀传统礼仪文化的学习、研究、传播及专业人才的培养搭建平台。

（三）提高教育者礼仪文化素养

要使受教育者成为符合社会需求的人，首先就需要教育者高度明确中国优秀传统礼仪文化教育的重要性。学生在成长阶段，很多时候会通过观察教师的言行举止获得相应的启发，所以教育者需要提高自身的礼仪文化素养，运用榜样示范法，在日常生活中为人师表，以身作则，给学生做好表率。同时，教育者也要积极认真地对待每一堂课，上出高水平、高质量的课。教育者要坚守目标初心，合理地利用课堂传承中国优秀传统礼仪文化。

其次，提高思想政治教育者的教学水平，找准中国优秀传统礼仪文化教育课的核心问题。中国优秀传统礼仪文化教育不能一蹴而就，为了适应新时代大学生的思想变化，思想政治教育工作者需要把传统的讲台说教型方法转变为互动参与型的教育模式。所谓"打铁还需自身硬"，教育者首先自身要有深厚的理论功底，不是取得高学历、高成就便可以放弃学习。晋大夫师旷曰："少而好学，如日出之阳；壮而好学，如日中之光；老而好学，如炳烛之明。"所以，在学习上不能有满足感，学习永无止境，在巩固原有知识的情况下，也要不断地补充新知识，从而提升自己的人格魅力去影响学生。

由于现今社会科技越来越发达，人们之间的交往越来越频繁、密切，所以影响了学生的生活方式，构成了学生复杂的文化思想情境，学生的思想文化意识呈现出多样化的特点。学生作为传承中国优秀传统礼仪文化的主力军，学校作为传承中国优秀传统礼仪文化的主阵地，思想政治教育工作者要充分利用课堂，使学生能够正确看待中国优秀传统礼仪文化。在当今世界各种文化相互影响、相互融合的情况下，拥有文化觉悟的人才能在传承中国优秀传统礼仪文化的道路上不走歪路、不走错路。

五、在社会上营造优秀传统礼仪文化传承的氛围

（一）规范网络媒介传播渠道

当前已经是互联网高速发展的时代，我国网民数量相当庞大，尤其是手机网民的规模，这就越来越凸显出网络信息技术对思想政治文化领域的重要性。在高科技下生活的人们自然也对高新技术的关注度比较高，这样就提高了传承中国优秀传统礼仪文化的号召力与吸引力。面对日趋增强的新媒体影响力，社会各界人士要切实明确新媒体的优势，动员各族人民的力量来大力传承中国优秀传统礼仪文化。

在当今互联网时代下，网络不仅对各国文化的交流起到了巨大的作用，而且为各国的发展提供了便利。人们对网络的重视度很高，只要网上有什么消息公布，必定会受到众多人群的关注。在此基础上，需要利用互联网营造传承中国优秀传统礼仪文化的优越环境。

（二）推动中外文化合作交流

传承中国优秀传统礼仪文化其实也是一种推动中外文化交流的途径。全世界 200 多个国家，每个国家都有自己的民族特色、文化底蕴和风俗人情。在各国合作交流日益频繁的背景下，我们应该尊重各国文化传统，进行平等的对话，在交流的过程中不断学习和借鉴他国有益的文化，发扬中华民族仁爱和谐的思想理念。

通过不断传播中国优秀传统礼仪文化中符合时代潮流的内容，让更多人

更进一步地了解中国优秀传统礼仪文化理念，充分利用海内外文化中心营造传承的氛围，如当前在全世界各地建立的孔子学院，便是中外文化合作交流的助推器，也是营造中国优秀传统礼仪文化传承氛围的推动者，还可以通过华侨华人、各界名人将中国优秀传统礼仪文化故事讲好。

同时，要明确在新时代科学技术水平越来越发达的背景下，微博、微信、抖音等新兴社交媒体也可以作为中外文化合作交流传承中国优秀传统礼仪文化的新平台。无论是社会还是个人，都可以在平台上深入理解并学习中国优秀传统礼仪文化的相关内容，提高对中国优秀传统礼仪文化的关注度与认可度。在传承中国优秀传统礼仪文化的阵地上，需要紧紧跟随时代的步伐，将科学的、正确的、被烙上中国印迹的优秀传统礼仪文化作为传播的主要因素，以此来扩大传播的范围和影响的深度、广度，让中国优秀传统礼仪文化的春风吹遍祖国大地，吹向世界各地。

第五章　中国优秀传统节日文化的价值

我国拥有丰富的文化资源，中国传统节日文化是其中的重要组成部分。中国优秀传统节日文化对推动社会主义核心价值观的培育践行，增强民族凝聚力和民族认同感，以及传承和发展传统文化具有非常重要的价值。

第一节　传统节日文化的起源与流变

一、传统节日文化的起源

中国传统节日是反映中国古代社会生活的活化石，其起源、发展、演变的过程既没有大起大落，又没有明显的标志，而是在潜移默化中渗入人们日常生活中的细微之处，展现出一定时代下人们的价值观念和道德风尚。

在传统节日文化的产生过程中，历法节气、原始崇拜、古代禁忌、神鬼迷信等因素起着重要的作用。

（一）历法节气

节日的产生与天文、历法、节气有着密切的关系。中国传统节日文化既根植于古人的生产方式和生活方式，又密切关联着古人对自然物候和时间变化的认识。古代中国以农业为本，在生产力水平较为低下的农业社会，先民对物候、气候以及天象的变化远比现代人敏感。间隔重复出现的自然物候和季节变换使人们形成了时间段落意识和循环观念，并在经验积累中逐渐形成了时令意识和节气观念。

与此同时，古人也注意到天地之间的联系，在反复观察与验证中，发现了天空中的日月星辰变化与大地上的自然季节转换存在某种关联，逐渐得出时令变化受制于天文的结论。随着社会生产力水平的提高以及天文观测能力的增强，四时八节的时令系统成为古代中国人主要的时令观念。汉代以后，人们根据历法将四时八节进一步细分为二十四节气，按照节气变化进行农业生产和社会生活，并逐步形成了具有中国特色的节令民俗。中国的传统节日大多依傍这些自然节气而生。

（二）原始崇拜

节日会有一定的民俗活动。从最早的民俗活动来看，原始崇拜是节日产生的最早渊源之一，因其产生的祭祀、礼仪等，成了中国传统节日的早期风俗内容。图腾崇拜在原始崇拜中占据重要地位。在我国，最典型的图腾崇拜要数龙崇拜。"龙"是古人幻想出来的一种祥瑞动物，被视为掌管雨水的神灵。因此，在以农业为本的古代社会，于特定的时间祭龙乃一项极为重要的活动。例如，江浙一带的古越民族每年端午节都会举行祭祀龙的"龙舟竞渡"活动。天地崇拜也是原始崇拜的一种。在古代中国，大自然对农业生产的影响极其重大，因此，人们常祭天以求风调雨顺，常祭地以保谷物丰收。祭月、拜月是祭天的一种，这一祭祀活动影响着后来中秋节赏月风俗的形成。社祀是古时祭祀土地的称呼，祭祀的方法有多种，既有帝王祭社，也有普通百姓的封土设坛而祭或择树木而祭。这些祭祀活动后来形成了几个相关的节日，如"春社"和"秋社"，前者是向土地神请求赐予丰收，后者则是对土地获得丰收的酬报，称作"报功"。祖先崇拜的风俗及礼仪也对传统节日文化产生了深远影响，一些节日中的扫墓、祭祖风俗无不来源于此，如寒食节、清明节。

（三）古代禁忌

在古代，人们由于认知水平有限而无法对许多自然现象做出科学解释时，便会采取感性、质朴的思维方式来寻求解决办法，禁忌就随之产生。一些古代禁忌与后来节日的形成不无关系。例如，寒食节禁火就源于古代禁火习俗。春季自然火灾易发，这是由于树木历经一冬的干燥容易失火，但古人由于缺乏科学认识，就提倡禁火冷食，久而久之成了寒食节的固定礼俗。春季又是瘟疫与流感易发的季节，古人觉得是邪气过盛的缘故，便在水边举行祭礼，洗涤污垢，消除不祥。这种祓禊之俗后来推动了上巳节的形成。总之，古代节日一般都有禁忌，且不少节日都是单月单日，并不符合中国人追求成双成对的吉利寓意。这是因为传统节日在发展前期并非后世演化的佳节良辰，而是一些各有禁忌的恶日。即使到了现在，我国部分传统节日中仍保留着某些禁忌习俗。

（四）神鬼迷信

古代的许多神鬼迷信观念在节日的产生过程中也起到了很大的作用。由于对鬼的畏惧，古人便借助神的力量来驱鬼。门神是与传统节日较为相关的驱鬼之神，早在《礼记·丧大记》郑玄注中就载有"礼门神"之说，神荼、郁垒更是《荆楚岁时记》中记载的两大门神。

灶神，也是古代中国人较为信奉的一位家神，认为其掌管各家灶火，便纷纷在自家灶间设"灶王爷"牌位以供奉之。因此，祭灶神也就形成了一个专门的节日。现如今，中国的一些地方仍保留着在年前祭祀灶神的习俗。值得注意的是，谈及神鬼迷信时要将其与神话传说区别开来。神话是人类早期的创造物，是了解那个时代人们生产生活状况的宝贵资料，属于人类文化的发轫。有些传统节日的习俗活动，若追其源头，可上溯到神话之中，如月宫的传说与中秋赏月风俗、牛郎织女的神话与七夕乞巧风俗都密切相关。这些神话故事给传统节日增添了几分浪漫色彩。

二、传统节日文化的发展

传统节日文化主要由相对固定的时间和特定的风俗活动这两大要素构成，研究传统节日文化的发展演变历程自然得从这两个要素入手。由于节日时间在发展早期皆已确定，且后世调整甚小，因此，在此主要从节日风俗的演变角度来分析中国传统节日文化的发展过程。

（一）起源萌芽时期

从节日风俗的起源及发展来看，大部分节日在先秦时就已初现雏形。

在原始社会，许多自然崇拜、神鬼迷信和禁忌已开其端，这些都是节日风俗产生的土壤。夏朝的建立使人们从蒙昧时代跨进文明时代的门槛，却也使广大人民步入奴隶制统治的阴霾之中。在奴隶社会，许多原始社会风俗虽有遗留，但广大奴隶只是会说话的工具，而那时占据统治地位的奴隶主阶级，在宗法制的桎梏下排斥和禁止许多非本族本部落的风俗活动，传统节日文化发展缓慢。

到了春秋战国时期，大部分人较之以前有了自由生活的权利。这时，人类自我意识觉醒，人类早期的崇拜、禁忌再次进入人们的生活，民间开始"相染成风，相沿成俗"，节日风俗的早期萌芽大多发生在这个阶段。但这一时期人们囿于狭小的生活圈中，节日的流行地区尚不宽泛，节俗内容也十分单一。

（二）全面成长时期

秦汉魏晋南北朝时期，是中国传统节日文化的全面成长时期。在继承先秦社会风俗的历史基础上，这一阶段社会条件的变化极大地促进了传统节日文化的发展。

汉代是中国传统节日文化快速成长的第一个时期，这与当时的多种社会因素有关。首先，汉代是一个政治、经济比较稳定的统一国家，这种统一打破了先秦时期小国林立的各种界限，使得不同地区的风俗出现了融合。其次，汉代是一个科学与迷信并盛的时代，这种社会环境很好地推动了传统节日风俗的发展。就科学方面而言，汉代天文学有了长足发展，当时盛行的几种解释宇宙天体的学说（盖天说、宣夜说和浑天说）使人们对天地关系有了一定的了解，而浑天仪、地动仪、候风仪等简单仪器的出现使得人们能对一些自然现象做出比较合理的解释。汉代科学技术的发展使传统节日风俗实现了从自然崇拜巫术化向宗教神学人文化的过渡。就迷信方面而言，汉代盛行的"天人感应论"与阴阳五行学说相结合，形成了一套完整的神学体系，各种迷信活动随处可见。毋庸置疑，封建迷信是中国传统文化中的腐朽糟粕，但不可否认的是，在传统节日文化发展的初期，这种社会风气是节日风俗发展必不可少的条件。最后，《太初历》的制定改变了以往律历因朝代更替而变动的现状，确定了以建寅之月为岁首，极大地促进了节日时间的确定。

魏晋南北朝时期是中国传统节日文化受冲击而变异成长的时期。一方面，宗教冲击对传统节日影响颇深。在这一时期，佛教输入，道教勃兴，由此出现了一些宗教节日，如浴佛节、中元节等。除此之外，宗教还通过对传统节日的渗透，如在节日风俗中加入宗教的仪式内容来扩大自身的影响力。另一方面，动荡的社会环境冲击着传统节日。这一时期，频繁更迭的政权以及连绵不断的战争严重影响人们的社会心理，反映在传统节日中就是以往较为严肃的节日风俗活动变得随意散漫，人们常借节日之期宴请宾朋，纵饮酗酒，漫谈玄学。与此同时，民族迁徙使得南北节日风俗、少数民族与汉族的节日风俗逐步融合。

（三）总体定型时期

隋唐宋时期，是中国传统节日文化的总体定型时期。这种定型主要包括两个方面，一是节日主要风俗内容的定型，二是节日性质的定型。在这一时期，节日风俗丰富多彩，节日性质也从原来的神秘气氛中解放出来，转变为轻松愉悦的"佳节良辰"。隋唐宋时期是中国封建社会的昌盛时代，"均田制"与"租庸调制"使封建小农经济空前繁荣，科举制搭建了知识分子进入统治阶层的阶梯，国家统一强盛，科学技术长足进步，文学艺术繁荣发展。相对安稳和谐的社会环境使这一阶段的节日风俗表现出娱乐化、礼仪化的特征。当节日变得欢乐愉快时，风俗内容也变得丰富多彩，蹴鞠、射箭、走马、游猎等多种娱乐活动出现在节日中，节日观念发生了彻底改变。

（四）成熟发展时期

元明清时期，是中国传统节日文化发展的成熟时期。在这一时期，社会继续向前发展，手工业、商业十分发达，城市逐渐兴盛起来，城市人口不断增加，人们的生产生活方式发生改变，一些以小农经济为基础的节日风俗被淘汰或淡化，与农耕相关的节日也随之衰退。与此同时，因宋明理学的影响，封建礼教对人们的思想禁锢日益加强，封建社会日益僵化，反映在节日风俗上就体现为节日活动更注重礼仪性和应酬性。因此，在这一阶段，我国传统节日的类型虽然逐渐减少，但较之从前，其内容和形式却逐渐完善。

第二节 优秀传统节日文化的基本特征

一、优秀传统节日文化的内涵

中国优秀传统节日文化是中华民族物质文明和精神文明的重要载体,是中国优秀传统文化的组成部分。中国优秀传统节日在几千年的形成发展中,积淀着中华民族的智慧和品德,承载着中华文化的精神,是朴实的中国人民的生动历史写照。

(一)勤劳朴实、天人合一

中国优秀传统节日文化从来都不是单一的主题,而是有着丰富的内容。例如,一年中持续时间最长、内容最丰富的春节就包含着团圆、娱乐、祭祀等多种含义,从初一到十五,每天都有不同的祈盼,使春节的民俗内容花样百出,可以满足人们不同的心理需求,体现了强烈的人文关怀,足以看出其中蕴含的丰富想象力。在长期的生产生活中,我们的祖先最早把节气同节日联系起来,不但把生产生活放置于季节变化中以随时做出调整,同时还把节气和人紧密联系起来,极具科学性。

另外,中国优秀传统节日文化传承至今,流传下来众多体现中国人民勤劳聪慧特性的传统节日文化特色物品。例如,元宵节赏花灯,各式各样的花灯展示了老百姓精湛的手艺;古代清明节人民喜爱的游戏蹴鞠是有史料记载的最早的足球活动;端午节为了纪念屈原忧国忧民、忠君报国的精神,形成了吃粽子、赛龙舟的风俗习惯。

中国传统节日文化起源于最早的农业文明。《周易》中写道,"夫大人者，与天地合其德"，指出人与自然需要适应协调。东汉思想家仲长统也说过人要顺应四时自然。一方面，我们的祖先在长期的生产生活中，最早发明了二十四节气，随后将一年分为四个季节，每个季节包含六个节气，这有利于农业生产，形成春种、夏耘、秋收、冬藏的规律被保留下来。另一方面，节日还是工作的休息日，让人们在这些日子能够获得喘息的机会，放松身心，增强体质，然后投入新一轮的生产劳作，促使人们按照自然节气有序地生产生活。人们了解自然、顺应自然、亲近自然，在户外放松身心且遵守大自然的规则，在自然中反省自我，明白只有在顺应自然规律的前提下发挥人的主观能动性，与自然界的万事万物和平相处，相互依存，才能实现共同和谐发展。

（二）感恩忠孝、饮水思源

中国优秀传统节日文化体现了中国人的基本价值观念和生活态度，彰显了中国人民坚忍、豁达、勇敢的民族精神。中国人多强调"君子以厚德载物"，之所以中华民族历经数千年仍保持着旺盛的生命力，其中一个原因就是饮水思源、忠孝至上。中国传统节日文化在漫长的发展时期里，形成了中华民族强大的精神力量，包含着丰富的情感内涵，"仁、爱、孝、悌"的观念早已在每一个中国传统节日扎根。从新春开始到年底的冬至，差不多每一个节日都会让我们想起祖先、家人或朋友。孝敬长辈、忠于朋友、崇尚礼仪，构成了中国优秀传统节日文化的主要内容。春节、清明节、中元节、重阳节、寒衣节等无一不是以尊老敬老为主题，成为孝文化的民俗体现。中秋作为中国传统节日，蕴含着强大的"思亲"情节，在这一天，游子或心系故乡，或归乡团聚。再如，重阳节在古代叫作"登高节"，全家爬山登高望远，发展到现在已经是关爱老人的节日，倡导陪伴就是最大的"孝"。

首先，中国优秀传统节日文化体现了感恩亲朋好友的崇敬之意。古人通过观察天象，意识到月有阴晴圆缺，遂联想到人亦有悲欢离合，要珍惜与家人、朋友的每一次相处。人作为社会成员，无时无刻不和周围的人产生联系，人与人相互扶持，共渡难关。大家会在春节通过拜年的方式和亲人团聚，沟通亲情，表达孝心；和朋友相约，畅所欲言，表达感恩之情。

其次，中国优秀传统节日文化还通过祭祀活动表达对先人的缅怀和思念之情。中国传统节日的产生很多都和祭祀有关，清明节是我国最重要的祭祀节日之一。现如今，我国众多节日的庆祝活动都与古代的祭祀文化有一定的联系。我国历史悠久的祭祀文化表达了生者对死者的思念或者敬意，是中华民族传统孝道和民族品德的融合，是中国人骨子里的感恩意识和饮水思源的道德意识的体现。

（三）热爱生活、崇尚礼仪

自古以来，中华民族就是热爱生活、充满智慧的民族，中国传统节日饮食文化是几千年来流传下来的，体现了中国人长久以来的饮食习惯、民族情感和社会制度，是一个民族重要的文化遗产。

《礼记·礼运》有云："夫礼之初，始诸饮食。"不同的节日包含着不同的饮食文化，象征着不同的寓意。例如，除夕夜吃年夜饭，南北方各不相同。南方多喜食年糕，因为"糕"和"高"谐音，象征来年步步高升。北方多在年三十晚上包饺子、吃饺子，有"更岁交子"之意。元宵节所食的汤圆预示着阖家团圆、和和美美。端午节吃粽子、食"五黄"和五毒饼等皆表示追求身体健康、防病强身。中秋吃月饼是期盼团圆，既有对身边人的感恩，也有对远方亲人的深深思念之情。我国优秀传统节日文化中蕴含着强大的凝聚力和追求美好的内心诉求，承担着传递中国优秀传统文化的使命。中国优秀传统节日文化也体现了中国人民珍爱生命、渴望健康的诉求。人作为节日的主体，在每一个节日都希望自己和家人身体健康，无病无灾。小年意味着除尘送灶的开始，表达了人们辞旧迎新、辟邪驱瘟的美好愿望；清明节正值万物生长的季节，在中国的美食传统中，清明时节有很多美食，如苦菜和马兰头，苦菜有降内热、解毒等功效，马兰头有清热、凉血止血的功效。同时，为了防止吃寒食冷餐伤身，人们会在清明期间举行荡秋千、放风筝、蹴鞠等体育活动以锻炼身体，这以上种种皆表现出中国人民对健康长寿的重视。

与此同时，中国传统节日文化遗留下众多传统节日习俗。例如，春节作为中国人最重要的节日，已经形成了一系列风俗。一家老少欢聚一堂，吃完年夜饭，长辈给孩子分发"压岁钱"，元日子时交年时刻，鞭炮齐响，辞旧迎新，亲朋好友相互祝贺。中国优秀传统节日文化从服饰、文学、吃食等各个方面传承着中华礼仪文化，它们的内涵与精神一脉相承，体现了中国的国情，蕴含着当代中国崇尚的价值观，内化为人们心中根深蒂固的家庭观念。

二、优秀传统节日文化的特征

在漫漫历史长河中逐渐形成的中国优秀传统节日文化是中华文明的缩影，它以节日时间的形式体现着中华民族的存在方式，以其特定的文化内涵在整个中国传统文化体系中熠熠生辉，是我国宝贵的非物质文化遗产。

中国优秀传统节日文化是由中华民族共同创造并世代相承的，以特定日子为时间坐标，以特定主题为活动内容，以节日符号、节日仪式、节日氛围为主要表象，反映中华民族价值取向、伦理道德、理想信念和审美情趣的社会文化现象。它以传统节日文化为依托，成为中华儿女维系精神与情感的纽带，具有民族性、周期性和全民性等特征。这些特征既让中国优秀传统节日文化区别于其他文化现象，又使其能持续、长久地影响、教育人们。

（一）民族性

中国优秀传统节日文化生发于我国独特的自然物质条件，也根植于中华民族的文化社会土壤。它记录着古人丰富多彩的生活，也承载着他们的精神世界，是中华民族的智慧结晶。因此，民族性是我国优秀传统节日文化的根本属性。这一特征主要体现在两个方面。

一是就世界各民族的节日文化而言，中国优秀传统节日文化有着独特的民族风情。过节是人类社会的共同需要，是一种普遍存在的社会现象，各个民族、各个国家的节日文化都不尽相同。就中西方的节日文化而言，其节日体系有着明显差异。中国优秀传统节日以自然岁时为时间主干。"岁时"是古代中国人特有的时间观念，与天时、物候的周期性转换相适应，因此在古代中国，传统节日就是人们口中的岁时节日。它服务于农业社会的时间节奏，遵循四季轮换的自然进程，春种冬藏、夏长秋收的自然农业节律不仅使传统节日的分布错落有致，而且使其风俗活动充满农耕色彩。西方节日以宗教时间观念为基础。虽然在节日发展的最初阶段，西方节日与自然时序紧密关联，但在之后的发展中，随着教会势力的不断增强，宗教的影响与日俱增，并全面渗入人们的日常生活，宗教时间观念也就逐渐代替自然时间观念，传统节日成为宗教节日体系的一部分，其节日文化也彰显着宗教色彩。

二是就中华民族内部而言，各民族的节日更是异彩纷呈、独具魅力。我国是统一的多民族国家，既有各民族共有的节日，也有各自特有的节日。在共有的节日中，因民族及地域的不同，也常出现节日内涵相同，但节日形式和节日风俗迥然相异的情况。以春节为例，汉族、蒙古族、满族都是从农历十二月二十三日进入庆祝活动，汉族、满族叫"过小年"，蒙古族叫"年火"，而羌族的年节在农历十月初一，塔吉克族则在三月间举行过年活动。

各民族特有的节日更是多种多样、绚丽多彩，如瑶族祭祀祖先盘王的达努节、彝族送祟除邪的火把节、侗族纪念明代农民起义英雄林宽的林王节等。这些节日文化虽各式各样，但都被刻上了民族烙印，在岁月洗礼中始终保持着各自独特的民族特征。

（二）周期性

中国优秀传统节日文化的另一特征就是周期性，即其具有周而复始、循环往复的特性，这也是中国优秀传统节日文化的特色所在。这种周期性主要体现在以下两个方面：一是伴随自然节律而生的传统节日贯穿春夏秋冬四个季节，呈现出波状分布特征，这就使得优秀传统节日文化能够通过一个又一个的节日对人们施加影响，让其所承载的伦理道德和信仰追求在"日复一日"中累积于人们心中；二是以年为周期进行循环的传统节日，使人们能在不长的时间间隔中重复相同的节日行为，从而使传统节日文化的影响在"年复一年"中得到强化。

中国优秀传统节日文化的这种周期性除了能让人持续性地领悟节日的深层底蕴以外，还能帮助人们进行定期的精神补给，使之信心满怀，斗志昂扬。在古代农业社会，人们的生活是乏味无趣、沉闷单调的，常在狭小的活动空间里重复着"日出而作，日落而息"的生产活动，枯燥而又疲惫不堪。中国优秀传统节日文化的周期性循环让人能在特定的日子里感受特定的节日氛围，进行情感沟通。在节日期间，人们欢聚一堂，品尝节令食品，开展娱乐活动，人人都可以尽情释放、自由舒展，从而对生命产生信心，对生活产生热爱，对未来产生希望。

（三）全民性

中国传统节日是全体中华儿女普天同庆的日子，它能突破时空界限，于特定时间最大限度地吸引社会成员，使其在参与体验中找到一种共同的人文节奏。因此，中国优秀传统节日文化体现出全民性特点。

古代，每当重要节日来临，人们都会全身心地投入节日之中，历朝历代更是通过节假制度来保障节日的参与度，如唐朝时，清明节和冬至节会放假三天左右，官员可在休假期间回家祭祀祖先。现如今，清明节、端午节、中秋节和春节四大传统节日已成为法定节假日，国家从制度层面确保了全体社会成员参与传统节日的权利，使人们能在节日体验中感悟传统节日文化的意义色彩，从而进行民族身份确认、寻找民族集体记忆。

中国优秀传统节日文化的全民性特征主要通过以下两个因素加以突显与强化：一是趣味化的节日主题和节日形式。每个优秀传统节日都有其鲜明的主题，如春节的阖家团圆，清明节的慎终追远，重阳节的尊老敬老等。这些主题又都通过互动性的节日活动和多样化的物质载体表现出来，使人们能在和睦、祥和的节日氛围中放松身心，愉悦情感。二是日常化的生活背景。传统节日的庆祝并不需要在特定的环境中进行，而是立足于民间和大众，通过许多生活化的表达实现润物无声的影响和流传。

（四）融合性

中国优秀传统节日文化是多元化的文化。中国文化也并不是单一的某种文化，而是多种文化汇集而成。中国各个民族在生活方式和文化观念上存在一定的差异。自秦国建立统一的中央集权以来，各个民族之间的差异性随着大一统的趋势逐渐缩小。中国优秀传统节日文化正是在各个民族的世俗民风节日中演变而来。在中国传统节日早期，其体现了远古时期古人对自然的崇拜以及天人合一的人文内涵，这些传统节日正是中华民族丰富多彩的社会文化中的重要内容，也是不同民族之间文化交流的结果。

中国优秀传统节日文化对于外来文化有着极大的包容性和融合性，经过与其他优秀文化的融合发展，形成了系统、完整的文化体系。

（五）时代性

传统节日文化历经多个时代的发展，吸收了多种文化和多个民族的习俗，因此，时代性是中国优秀传统节日文化最突出的特征之一。传统节日文化伴随着不同的节气得以发展，最早与原始信仰、生活中的忌讳有关，后经过汉代、唐代等一定时期的发展，得以完善。在唐代，中国传统节日文化的庆祝方式逐渐转型为以家人团聚为主、以娱乐为辅，节日氛围浓厚，气氛欢快，庆祝方式逐渐多样化。在当今社会，传统节日经过漫长的继承和发展，在保留各个传统节日特有的庆祝方式以外，又衍生出与现代社会生活相匹配的庆祝方式。如在春节，除了传统的挂灯笼、贴对联、走家拜年的方式以外，越来越多的家庭也会采取外出旅游、吃年夜饭的庆祝方式。因此，中国优秀传统节日文化具有鲜明的时代性，在不同的时期有着不同的表现形式，在保留传统的同时，又符合时代发展。

（六）传承性

中国优秀传统节日文化是人民的双手和头脑共同作用的结果。传统节日从古代农耕文明发端，正是因为其自身深厚的文化底蕴，始终保持文化的进步性，才能不被淘汰。传承性的特征是中国优秀传统节日文化与生俱来的，文化本身就有极强的延续性和可塑性，一种新文化的出现并不是凭空产生的，必然是在传统文化的基础上推陈出新，实现二次创新的过程，传统节日文化也正是如此。所谓"传承",就是在传播、宣传其本来文化意义的基础上,以多种途径将这一文化教授给他人,实现以一传百的效果,再将其继承。继承并不是单一地保留和接受,而是在原有的基础上不断增加新的元素,丰富其内容。

中国优秀传统节日文化这一特点,是使其保持稳定性和发展性的重要保障。中国优秀传统节日文化的传承性通过诗词歌赋、民间艺术和节日庆贺的形式得以体现。例如,在传统节日中的古老习俗、饮食习惯等内容,在现代社会进行传统节日庆祝时仍然会用同样的方式。春节吃饺子、中秋品月饼、清明扫墓等正是中国优秀传统节日文化传承特性的凸显。

第三节 优秀传统节日文化的弘扬路径

一、提升优秀传统节日文化的国际竞争力

(一)坚持古为今用、推陈出新

中国优秀传统节日文化要想提升国际竞争力,说到底依然要进行创新。古为今用要求我们对传统节日文化不断加以补充、完善,不忘历史才能开辟未来。一个国家和民族的兴衰,总是同文化紧密相连的。文化应做到为时代所用,积极立足于中国国情在世界文化舞台同世界文化交流对话。其中最具代表性的就是孔子学院。孔子学院作为推广汉语、传播中华文化的交流机构,秉承孔子"和为贵""和而不同"的教育理念,在世界文化交流过程中积极承担民族责任,向世界展现中华文化之美。

迄今为止,孔子学院在全球范围内已建成500多家,涉及100多个国家

和地区，为增进世界人民对中国语言文化的了解、加强中国与各国的友好关系、了解博大精深的中国优秀传统节日文化增添了渠道，为全世界汉语学习者提供了专业快捷的学习条件。再如，故宫博物院将传统文化同现代工艺创意联系起来，推出现代韵味和历史艺术文化内涵兼具的文化周边产品，深受买家追捧。与此同时，国内还有很多传统节日文化创意产品有能力"走出去"，像清明节的"风筝放飞活动"、七夕节"送给我心中的巧女"主题活动等都是中国优秀传统节日文化同当代的有机结合。

首先，对内对外，创新优秀传统文化的传播方式和品牌。随着我国经济的快速发展，人们对精神文化领域的需求逐日增加，要想让中国优秀传统节日文化不仅仅停留在表面，就要创造出能在新时代焕发出蓬勃生机的传统节日文化传播方式，打造人民群众喜闻乐见的传统节日文化品牌。近些年，《中国诗词大会》和《中国成语大会》一经播出，就吸引了众多关注。在题材上，节目按照节令、亲情、爱情等多个主题进行分类，还邀请非遗传承人用剪纸、木雕等多种手段展现传统文化。在新媒体背景下，我们可以模仿类似节目拓宽对传统节日文化的传播渠道，以智能性、多样性、广泛性的播出方式向大众传递传统节日文化。促进中国优秀传统节日文化成为世界文化交流对话中的主旋律，坚持古为今用，是提升国家传统节日文化国际竞争力的有效方法。

其次，充分利用"一带一路"倡议实现中国优秀传统文化的创造性转化、创新性发展。众所周知，"一带一路"倡议是中国以开放为导向，以文化为桥梁和纽带，为共建国家不同文化和文明加强对话交流提供的新的平台。中国优秀传统节日文化是中华优秀传统文化的一部分，我们应该积极利用"一带一路"优势传承中国优秀传统节日文化，展现中国精神、中国魅力，让共建国家感受中国优秀传统节日文化中向善向上的寓意，用大家感兴趣的方式和听得懂的语言传播出去，做好传统节日文化诗词绘画、音乐舞蹈、文物等国际文化品牌，使节日文化的丰富历史"活起来"。

（二）提高国际话语权

《中共中央关于全面深化改革若干重大问题的决定》中要求加强国际传播能力和对外话语体系建设，推动中华文化走向世界。改革开放以来，我国在国际事务中发挥着越来越大的作用。提高中国优秀传统文化的国际话语权同政治、经济的地位同等重要，加强中国优秀传统节日文化的国际竞争力，其中也包括提高传统节日文化的话语权。中国优秀传统节日文化身处世界多元文化背景之下，同世界各种文化共同发展、和谐共存是必然趋势，积极发声、让世界听见中国声音、让中国优秀传统节日文化永葆青春。

首先，中国优秀传统节日文化应该充分利用互联网平台，构建专属于中国传统文化的传播窗口。具体来说，应该以中国特色社会主义传统文化内容传播为主，设立外国人专属通道，把抽象的传统节日文化内容转化为具体生动的文化讲述，加强艺术性、内容性、专业性，丰富完善节日文化国际话语权的现代传播方式。为了实现中国优秀传统节日文化更好地和社会主义现代化建设任务相统一，要把中国优秀传统节日文化打造成为适应当代发展新要求、新任务的民族特色文化，让中国优秀传统节日文化中蕴含的核心理念同具有传统节日文化精神的文化品牌相结合，进一步挖掘中国优秀传统节日文化的潜在优势。

其次，讲好中国故事，贡献中国智慧。中华文化离不开世界的环境，世界的文化繁荣也需要中国的参与。要让世界人民用听得进去的方式，讲好中国故事，传播中国好声音。中国故事和中国智慧作为最响亮的传统节日文化品牌，蕴含着丰富的为人处世观、治国理政观，应该走向世界，向世界展现中华文化之魅力，加深世界对中国优秀传统节日文化的了解，消除世界对中国优秀传统节日文化的误会，为维护世界和平、推动国家间文化交流贡献力量。

（三）加强传统节日文化遗产保护

中国优秀传统节日文化遗产是传承中国优秀传统节日文化的活化石。传统节日作为世界非物质文化遗产的重要内容，承载着中华民族厚重的文化，是中华民族智慧的结晶。遗留下来的众多节日文化遗产，主要包括节日饮食、节日服饰、节日仪式。

1. 加强传统节日饮食遗产保护

中国优秀传统节日文化的来源之一就是祭祀文化，上古先民会用捕猎的禽兽或亲手做的美味佳肴祭拜祖先和天地神灵。《礼记·礼运》有云："夫礼之初，始诸饮食。"中国优秀传统节日的饮食文化蕴含着中国人的饮食艺术、文化习俗，形成了过年吃饺子、端午吃粽子、中秋吃月饼、腊八喝腊八粥等饮食习惯。传统节日饮食承载了中国人太多的情感，表达了人们对美好生活的向往以及期盼阖家团圆、身体健康的美好愿景。在传统节日饮食制作和搭配方式上，中国人也颇有讲究。饺子有的地区会包成元宝样式，寓意生活富裕；圆圆的汤圆预示团团圆圆；重阳节在民间有吃菊花火锅的传统，彰显高雅。饮食文化作为流传至今的传统节日文化遗产之一是最具影响力的内容。

2. 加强传统节日服饰遗产保护

古人着衣，一年四季、不同时节，都有其相应的穿衣要求。我国少数民族服饰更是形式多样，巧夺天工。每逢节日来临，各少数民族都会盛装出席，表达对传统节日的喜爱和重视。清明节，古人会身着深衣祭服，便于活动祭祖。春节是中华民族最隆重的传统佳节，辞旧迎新，人们会身着颜色鲜亮的红色衣服，为来年增添一抹喜庆氛围。由此可见，传统节日服饰也是传统节日文化遗产不可或缺的一部分。

3. 加强传统节日仪式遗产保护

节日仪式是我们当下感受节日文化最为直接的方式之一，几乎每个传统节日都有属于自己的独特庆祝仪式。从内容上来看，节日仪式丰富多彩，有戏剧、舞蹈、宴会、室外活动等多种形式，其中比较著名的有春节和元宵节逛庙会、端午赛龙舟、中元节放灯照冥、重阳节登高赏菊等。无论来源于什么民族、选择何种形式，核心都是传承发展传统节日文化，目的是最大限度地保护好传统节日文化遗产。

二、释放优秀传统节日文化的独特价值

2003年，联合国教科文组织第三十二届大会通过的《保护非物质文化遗产公约》中首次提出对传统节日的保护。中国优秀传统节日文化蕴含着丰富的历史价值和文化价值，要用传统节日文化涵养家国情怀，同时围绕举旗帜、聚民心、育新人、兴文化、展形象的使命任务，共同推进社会主义文化强国的建设。因此，在传承发展优秀传统节日文化的过程中，应当结合社会发展的需要，最大限度地释放优秀传统节日文化的当代价值。

（一）挖掘和弘扬优秀传统节日文化

1. 去其糟粕，取其精华

对于中国优秀传统节日文化的挖掘和弘扬，应该认识到任何事物都具有两面性，辩证地看待中国优秀传统节日文化中积极和落后的部分。对于文化中有利于人民身心健康发展的、科学的、先进的，包含古人流传下来的优秀

道德情操和价值理念的节日文化,我们应该积极加以弘扬。相反的,对于中国优秀传统节日文化中腐朽的、迷信的、影响国人身心健康发展、阻碍我国文化事业向前推进的负面部分,应及时舍弃,做到"有辨别地加以对待,有扬弃地予以继承"。

几千年来,中国优秀传统节日文化中保存下来的各民族优秀文化、民族传统,民族认同感和自豪感以及公众道德修养都是我们需要传承和弘扬的。当然,中国传统节日文化中也存在一些"糟粕"。例如"男尊女卑""纲常礼教"等与社会主义核心价值观内容相悖的错误观点,需要有辨别地对待。另外,比较典型的就是传统习俗当中遗留下来的和节日有关的封建迷信活动,也需要坚决摒弃。一些人喜爱在路边烧纸钱,临走时也不打扫,不但给社会带来火灾隐患,而且给清洁工人带来了额外负担。相比过去条件有限,现如今社会发展了,我们有更多种积极环保的形式祭祀和怀念祖先。再如,春节相互串门拜年,人们喜欢携礼登门,慢慢地衍生出攀比甚至借机送礼办事的陋习。现如今,我们应该提倡文明过年。

2. 立足于民,知行合一

人民群众创造了丰富多彩的传统文化,体现了强烈的人文关怀。在农业社会,家族是基本的生产生活单位,家族和谐、人丁兴旺是最基本的两个主题。经过几千年的发展演变,广大人民群众依然是中国优秀传统节日文化发展的根本动力。优秀传统节日文化承载了人民对美好生活的向往,寄托了人们对自然、祖先的情感。2017年1月,中共中央办公厅、国务院办公厅印发《关于实施中华优秀传统文化传承发展工程的意见》,其中提道:"深入开展'我们的节日'主题活动,实施中国传统节日振兴工程,丰富春节、元宵、清明、端午、七夕、中秋、重阳等传统节日文化内涵,形成新的节日习俗。

加强对传统历法、节气、生肖和饮食、医药等的研究阐释、活态利用，使其有益的文化价值深度嵌入百姓生活。"这段话深刻表明中国优秀传统节日文化源远流长，要坚持把满足人民需要作为挖掘和弘扬中国优秀传统节日文化的出发点。

首先，传统节日是人民自己的节日，是整个民族的生活烙印，应以人民为中心挖掘和弘扬中国优秀传统节日文化。如果脱离了人们的生产生活，传统节日文化就不能反映人民群众真实的情感，变成空洞的说教。总之，在传承节日文化的时候，需要深入人民群众，深入人民的生活和内心，让人民群众勇于发言。例如，在政府和一些公众媒体网站上，鼓励人民群众发言，对传统节日的举办形式、举办地点等以主人翁的身份积极建言献策。另外，需要积极培养中国优秀传统节日领域的优秀人才。从小强化学生的传统节日文化意识，在高等教育阶段，重点培育传承中国优秀传统文化尤其是中国优秀传统节日文化的传承人，培养有创新意识的高质量人才。此外，传承中国优秀传统节日文化的民俗工作者是最能够让大众了解其他民族生活方式的群体，要给予他们更多记录优秀传统节日文化的机会，有利于人民更好地把中国优秀传统节日文化的价值内化于心。

其次，对于如何让人民在了解中国优秀传统节日文化之后更好地转化为外在的行为，做到知行合一也是挖掘和弘扬优秀传统节日文化的原则之一。"知"是挖掘弘扬中国优秀传统节日文化的基础，"行"是挖掘弘扬中国优秀传统节日文化的归宿，"知行合一"就是坚持理论与实践相结合。我们对传统节日文化了解得越多，对于更好地挖掘和弘扬中国优秀传统节日文化的实践行为也就更为深刻。一要提高民众对节日文化的践行责任。民众首先应明白如果只是简简单单被动接受外界对于中国优秀传统节日文化的一切信息，机械地背诵一些与传统节日相关的诗词等还远远不够，还需要了解节日内涵和新时代被赋予的新特征、新理念。民众通过提升自身文化素质，主动向家人和朋友宣传中国优秀传统节日文化，积极参加各式各样的实践活动，更充分理解和认同中国优秀传统节日文化。二要强调民众的主观能动性。要想更扎实地挖掘和弘扬中国优秀传统节日文化，学习者需要不断深化本专业的学习，夯实基础，在学习的过程中逐渐明白自己的责任，进而成为优秀传统节日文化的传承人。

3. 统筹规划，共同发展

弘扬和挖掘中国优秀传统节日文化，需坚持统筹规划、共同发展的原则。这就要求我们处理好国内各民族传统节日之间、国内外节日文化之间的关系，让各种节日可以相互取长补短，共同发展，从而让中国优秀传统节日文化更好地为中国特色社会主义文化建设服务，维护国家文化安全。

（1）处理好国内各民族传统节日之间的关系

中国各传统节日都是各民族历经长期农业生产生活实践而形成的各种思想观念、风土人情、制度规范和物质产品等一系列内容的总和。其本质是古代的文明成果适应现代社会的需要且有效传承发展下去，为中国优秀传统文化服务。每一个传统节日都不仅仅是一个民族或者特定群体的事情，需要通盘考虑，统筹规划。我国传统节日纷繁复杂，如何推出传统节日文化品牌、提升中国优秀传统节日活动的质量，是提高节日文化总体效益的重要保证。一方面，内容上需要把各民族传统节日的思想性和娱乐性结合起来。中国优秀传统节日文化在思想和娱乐方面需要与时俱进，可以通过各种新媒体、App、深入人心的表演形式对传统节日文化进行演绎，使之更加生动活泼，更易被广大人民群众接受。另一方面，活动形式上要把专业和业余两种方式结合起来。现在，身边很多活动多为业余传统节日文化爱好者自行组织举办，一定程度上缺乏专业性，如果能让专业人士加以指导，尤其是邀请民族节日文化研究人员和民俗文化传承人莅临指导，会更有益于中国优秀传统节日文化的正面发展。

（2）处理好中国优秀传统节日文化和国外节日文化的关系

2009年，湖北秭归"屈原故里端午习俗"，湖北黄石"西塞神州会"，湖南汨罗"汨罗江畔端午习俗"，江苏苏州"苏州端午习俗"虽共同入选"世界非物质文化遗产"，但是中国优秀传统节日端午节走向世界依旧长路漫漫。

中国优秀传统节日文化和国外节日文化的关系很复杂，在处理二者关系的时候，应该首先做到坚守本民族节日文化的个性，走中国特色传统文化道路，这就要求我们对国外传统节日有敏锐的鉴别力，对严重威胁我国传统节日良性发展的国外节日应提高警惕。只有如此，我国优秀传统节日文化才能在世界文化大交融背景下维持自身发展，巩固本民族文化特色。另外，对于传承本民族传统节日文化要自发形成自觉意识。为了推广端午节，我国政府做了大量工作，但是如果能有民众主动去做，会和政府组织的效果完全不同。

（二）加大优秀传统节日文化的宣传教育

中国优秀传统文化孕育了具有深厚寓意的传统节日，若要加强中国优秀传统节日文化的宣传教育，发挥其引导作用，要善用家庭作为基础教育力量的引导作用，发挥学校作为主要教育场所的引导作用，综合多种教育辅助互补能力的引导作用是主要方式。

1.善用家庭作为基础教育力量的引导作用

家庭作为个体接受教育的最初场所，具有先导性和终身性等特点，对于传承中国优秀传统节日文化具有至关重要的作用。家长应该以身作则，主动弘扬优秀传统节日文化精神。中国人崇尚"家和万事兴"，传统节日教育引导家庭和睦，可以从多角度入手。

首先，家长应该多带领子女学习中国优秀传统节日文化知识。现在有很多优秀的书籍、网络资源等都详细介绍了传统节日，尤其是节日的起源和伦理道德。茶余饭后，家长应和子女一起学习，共同体会优秀传统节日文化的精髓，做好孩子的第一任老师，让子女明白"节日表达着人们的某种价值观念，如果没有这种价值观念，节日就变得空洞无聊，就会被人们忘记"。

其次，家长应在传统节日带领子女身体力行地感受传统节日文化。例如，父母和子女在节日期间做家务，探望老人，全家人一起庆祝节日，感受家庭温暖，学会感恩、孝顺、和睦。如有条件，可以一起去养老院等机构献爱心，学会仁爱。

总之，在家庭中进行节日教育对子女的行为举止和价值观等可以起到最基础性的培育作用。

2.发挥学校作为主要教育场所的引导作用

学校教育和家庭教育相辅相成，共同发挥作用。把中国优秀传统节日文化融入国民教育，加强对传统节日文化的学习，是发挥学校引导作用的主要方向。

首先，中国优秀传统节日文化应贯穿学前教育到高等教育。学前教育是培养幼儿兴趣和学习习惯的关键时期，用符合幼儿认知特点的生动形象教学手法，增加趣味性，像播放关于中国优秀传统节日的动画片，幼师和幼儿共同参与传统节日文化的作品创作、角色表演等。九年义务教育时期，应将中国优秀传统节日文化加入课堂教学，主要涉及语文、思想道德与法律修养等课程。针对接受九年义务教育的学生来说，要学习传统节日文化蕴含的内涵、时代价值和价值理念。教师在课堂上应对传统节日文化进行系统讲解，课后组织学生参加相关节日活动进行实践。例如，重阳节，教师可以带领学生学习尊敬老人的传统美德，去养老院探望孤寡老人；冬至组织学生包饺子，带回家孝敬父母……种种活动可以让学生学以致用，内化于心。高等教育时期，学生有更多的时间传承传统节日文化。本专业的学生应利用自身专业性强、拥有丰富的史实资料和经验等优势，加强学术研究，立志为中国传统节日文化传承贡献一己之力。至于非本专业的大学生，也应该利用大学校园开放包容的文化环境，参加关于传统节日文化的学术讲座，成立或参加相关社团，举办传统节日文化活动和交流，让广大学生主动参与到传承中国优秀传统节日文化中来。

其次，增加与中国优秀传统节日文化相关的特色课程。中国优秀传统节日文化蕴含着丰富的文化内涵和道德观念，增加与传统节日文化相关的特色课程，完善传统文化教育内容体系的物质基础。2011年，中共十七届六中全会上通过了《中共中央关于深化文化体制改革推动社会主义大发展大繁荣若干重大问题的决定》，文件指出："发挥国民教育在文化传承创新中的基础性作用，增加优秀传统文化课程内容，加强优秀传统文化教学研究基地建设。"具体来说，教育部门应将中国优秀传统节日文化分阶段、由浅至深设计融入课本，让每个年龄阶段的学习者都有机会学习中国优秀传统节日文化。有自主设计课本能力的学校也要把中国优秀传统节日文化作为重点加进课本，充分发挥传统文化以文化人的功能。

最后，着重提升教师的综合素质。教师是联系中国优秀传统节日文化和学生的重要桥梁。现在的学生对于传统文化的了解大多是一些零碎的知识点，一知半解，教师的系统讲解尤为重要。

3. 综合多种教育辅助互补能力的引导作用

除去家庭教育和学校教育，比较常见的有效传承优秀传统节日文化的途径就是政府和媒体作为补充教育发挥引导功能的方式。

首先，政府应该积极发挥自身影响力，不断完善公共文化服务体系。例如，发挥博物馆、图书馆等文化机构的优势，举办和传统节日有关的文化展览、有奖征文活动，让节日文化有机会走进千家万户。另外，政府可以建立中国优秀传统节日文化的相关网站，通过阅读量累计积分兑换传统节日文化相关书籍、周边作为奖品，吸引群众积极主动参与网站浏览。如果有可能，政府可以建立一些宣传中国优秀传统节日文化的主题公园，在园内免费提供传统节日服饰供市民拍照留念，安排不同民族传统节日文化演出，让观众潜移默化地了解节日文化传统，同时出售和传统节日有关的周边产品，既能够为公园运营提供资金，也能让游客将周边产品作为礼物送给家人、朋友，吸引民众更多的关注，十分有意义。

其次，媒体作为拥有极大发挥空间和众多关注人群的领域，应该积极发挥正能量，主动承担起宣传优秀传统节日文化的任务。随着网络的快速发展，年轻人从互联网获取信息已经成为主流。不同的媒体皆有自己的优势，并且普遍都具有多样性、新颖性、通俗性等特点，正可以吸引广大群众尤其是年轻人在轻松的氛围中浏览网页。

另外，媒体可以通过公众号、社会网站、直播平台、报刊、书籍等设立传统节日文化宣传版块，极大地提高民众对中国优秀传统节日文化的关注度，进而接受中国优秀传统节日文化相关知识的教育，也为中国优秀传统节日文化教育在内容、形式的创新上紧跟时代潮流做好辅助。

（三）培育中华儿女对优秀传统节日文化的认同

中华民族是一个具有强烈认同感和归属感、具有强大凝聚力和向心力的民族。人民是历史的创造者，中国优秀传统节日文化传承发展至今，正是因为得到了人民的喜爱和认可。作为中华民族的文化根基，优秀传统节日文化是中国人民的身份认同。我们常说"由人化文，以文化人"，加强培育中华儿女对传统节日文化的身份认同，是集中反映中华民族价值观念和精神追求、让中华民族区别于其他民族的途径之一。

首先，树立以传统节日文化为身份认同的教育理念。当前社会对于群众的传统节日文化身份认同的教育理念工作重视度远远不够，这极大地降低了民众对于传统节日文化的身份认同和归属感，这要求我们坚持情感教育同文化教育相结合。如果说文化是传统节日的根基，情感就是传统节日文化的精髓。中国人民对传统节日的情感经历了长期的积淀，来源于对自然的敬畏之情、对家庭的珍爱之情、对道德的崇敬之情、对文化的自豪之情。

一方面，需要克服形式化的传统节日文化教育模式，加入情境元素。树立以传统节日文化为身份认同的教育理念应该从个人的亲身经历出发，参与到和中国优秀传统节日文化有关的教育环境里来，让和优秀传统节日文化有关的元素深入课堂。邀请传统节日文化工作者走进校园，模拟传统节日文化情境，如邀请同学们穿上传统节日服饰，学习传统节日习俗等，增强每位学习者的体验感，树立中国优秀传统节日文化身份认同感。

另一方面，可让优秀传统节日文化传承人走入校园，建立"一对一""一对多"师徒搭档，增加优秀传统节日文化传承仪式感。增加节日文化传承仪式感是极其重要的一环，很多人觉得节日文化离生活越来越远，很大程度上是因为对优秀传统节日文化的学习过程缺乏仪式感。很多民俗文化工作者感慨学习优秀传统文化的人越来越少,而学生想学习有时却找不到专业途径,因此,通过学校这个桥梁将二者联系起来,举行拜师仪式,是让学习者感受优秀传统节日文化情感和责任感的另一途径。

其次,增强民众对传承优秀传统节日文化的主观能动性。民众对优秀传统节日文化传承主观能动性的提高是增进节日文化身份认同的重要动力,可以从以下两方面入手:

一方面,纪念传统节日典型人物,推进中国优秀传统节日文化教育。中国传统节日经历了漫长的发展过程,蕴含着鲜明的中国色彩,节日中包含着众多的神话传说和英雄人物。如,屈原和端午节的故事。屈原作为忧国忧民的爱国诗人,无私无畏,勇敢高尚,被怀疑、被毁谤,仍旧心系国家。这种强烈的爱国主义精神赋予中国优秀传统节日文化以丰富内涵。再如,流传至今的七夕节经典传说——牛郎和织女的爱情故事,也为现代的年轻人树立忠贞不渝的爱情观起到了榜样作用。

另一方面,弘扬优秀传统节日文化,提升民众对节日文化身份认同的主动认知。传统节日是展示各民族文化的熔炉,千百年来,各种民族民间艺术在此展现、融合,最终一个个具有增强民族凝聚力和涵养道德的传统节日流传下来。我们应对优秀传统节日文化知识进行系统学习,了解节日文化传说、英雄人物、饮食习俗、服饰、诗歌等和节日文化有关的基础理论知识,让节日文化身份认同成为自觉。坚持注重文化内蕴与实际需求相统一的原则。

挖掘弘扬中国优秀传统节日文化需要满足当前社会的实际情况,不能脱离人民群众的生活而盲目追求形式。要把优秀传统节日文化同人民群众的日常生活紧密联系起来,内于心、外于行,对于传统节日文化不能随意取舍。

第六章 中国优秀传统孝道文化的价值

从西周时期的宗族服从,到春秋时代以父母为核心,再到汉朝成为统治工具进而在宋元时期得到普及,孝道文化的内涵随时代不断变化,得到了长久的传承和发展。在当今经济社会背景下,需要重新审视传统的孝道文化,去其糟粕,取其精华。

第一节 传统孝道文化的起源与流变

一、传统孝道文化的起源

中国传统孝道文化可以追溯到遥远的原始社会。随着母系氏族社会逐渐过渡到父系氏族社会,早期人类的敬畏天命、崇拜母权也逐渐过渡到崇拜父权与祖先,传统孝道文化在这一时期萌芽。经过殷商时期的发展,传统孝道文化于西周正式形成。

(一)敬畏天命

原始社会的生产力落后,社会发展水平低,人类无法独立生存,唯一的办法就是与其他社会成员集体生活,共同面对大自然的挑战,维持最低的生活水平。在这种情况下,人类对大自然产生了敬畏之情。人们认为宇宙中存在掌控人类命运的天神，因此对大自然顶礼膜拜，向上天祈福，渴望天神的保佑。

（二）母权崇拜

母系氏族社会中占据最高地位的是女性，她们拥有支配集体财产的权力和话语权，承担着繁衍人口的重任，备受氏族成员的尊重。另外，母系氏族社会的群居生活导致了交配繁衍的任意性，人们大多只知其母、不知其父，在这种情况下，子女脱离了血缘关系中的父亲，由母亲抚养长大。因此，在这种血缘亲情的基础上，孩子对母亲的感恩之情、爱戴之心油然而生，并在此后的生活中愈加浓烈，这就是孝道文化最原始的感情基础。

（三）父权崇拜

随着社会生产力的提高，男性在物质生产中的贡献越来越大，女性的崇高地位日渐被男性取代，原始社会显现出了新的特点。在父系氏族社会，男性是物质生产的主力军，主宰着社会和家庭的方方面面；家庭关系也更加明确，子女跟随父亲一起居住，女性失去了以往崇高的社会地位。社会分工和私有制的出现使家庭财产的继承变得尤为重要，男性作为社会财富的主要创造者，掌握着财产分配的发言权。因此，在个体家庭的血缘关系和财产继承的共同作用下，子女对父母的敬爱与感恩意识更加强烈。

（四）祖先崇拜

同样也是在父系氏族社会，人们将本民族的祖先神化，认为祖先的灵魂会影响后世、发挥一定的作用，因此热衷于通过祭祀活动来表达自己对祖先的崇敬与追思，同时又祈祷自己及子女能够得到祖先的庇佑，久而久之，成为一种习俗，这种祭祀活动其实就是孝道行为的体现。

殷商时期的孝道观念是非常淡漠和模糊的，孝道对于殷人来说只是一种纯粹的宗教意识。人们崇尚"鬼神"，认为祖宗神和天神合为一体共同支配着他们的意识，是至高无上的存在。因此，殷人把祭祀看作极为重要的活动，几乎每天都要进行祭礼来祈求神灵的护佑，但事实上，这种祭祀只是与宗教祈祷类似的一种心愿表达，不是以伦理道德为动机产生的行为。在文字方面，殷商的甲骨文和金文中就已经出现表示"孝"的文字，并且还有以"孝"命名的人名、地名，说明孝道观念较原始社会已经有了一定发展。在社会教化方面，教育是殷商贵族的特权，他们把孝道视为人安身立命的道德准绳，不守孝道要受到法律制裁。商朝生产力落后，格外注重人口繁衍问题，生儿育女是社会成员应尽的义务，但事实上，他们重视人口繁衍问题只是为了增加社会劳动力，提高获取生产资料的能力，这种观念并不属于孝道范畴。综上所述，孝道在殷商时期总体上是朦胧的，具有浓厚的宗教和宗族意味。

二、传统孝道文化的发展

中国传统孝道文化作为一种意识形态，是随着社会经济生活的发展而变化的，因此，中国传统孝道文化的发展在不同的历史时期呈现出了不同的特点。

中国传统孝道文化正式形成于西周。西周是宗法制社会，重视血缘关系，统治者以此为依据分封官职。相应的，西周时期的孝道由此包括两层含义：一是尊祖敬宗，二是接续后代。周人感念祖先创业艰难，通过虔诚、隆重的祭祀来寄托孝思。个体家庭被埋没在氏族之中，人们把祖宗看作尽孝的对象，流行尊祖敬宗，而不是强调家庭范围内的父子伦理关系。出于对生命的崇拜，周人把孝道与繁衍后代结合起来，在对祖先的祭祀过程中，人们都祈求先人保佑后代子孙绵延，人丁兴旺。生儿育女成为每个社会成员义不容辞的责任，因为只有生命延续，才能继承祖先的遗志，效法先人的德行，维持家族的繁荣昌盛。

春秋战国之际，由于社会变革，宗法制解体、家庭结构改变，孝道文化实现了由宗教道德向家庭道德的转化，开始重视善事父母。父权从沉重的族权控制下挣脱出来，男性转变为家庭中至高无上的存在。孔子是儒家孝道理论的鼻祖。孔子生活的年代，礼崩乐坏。孔子面对这种礼仪废坏、人伦不理的社会危机挺身而出，他周游列国，主张用道德原则来应对社会的动荡，建立了以"仁"为核心的思想体系，其中，"孝道"思想就是"仁"的基本规范，是实行"仁"的重要途径。"仁"是孝道的坚实根基和终极目标。孔子的孝道理论主要包括尊敬父母、孝礼结合、友爱兄弟、婉谏父母等内容。

曾子对儒家的孝道理论贡献最大，他是孔门中最重视孝道的弟子，推衍出了大量的孝道文化思想成果。曾子把孝道放在至尊地位，并将其从家庭伦理范畴扩充到社会、政治层面。曾子认为孝道是一切道德的总和，是关系到所有社会关系和政治行为的根本规范。更重要的是，曾子将孝道与忠君合为一体，他认为孝道在国家方面表现为忠诚，孝道的作用对象就由父母变成了君主，这一论述是对儒家孝道理论的重大发展。曾子还根据社会阶层的不同将孝道分为不同的等级："君子之孝也，以正致谏；士之孝也，以德从命；庶人之孝也，以力恶食。"其中，君子是"大孝"，士是"中孝"，庶人是"小孝"。

孟子继承了曾子的思想，把孝道视为伦理道德的核心。在孟子看来，孝道是人与生俱来的本性，这种本性会把对亲人的爱转化为对其他社会成员的爱，进而把"孝"推广到全社会。孟子提倡将孝道政治化，宣扬用孝悌来治理国家。荀子虽然把孝道看作家庭伦理范畴的内容，但在相关言论中他也推崇君重于父。

《孝经》完成于春秋战国末期，是儒家最为完备和系统的孝道理论，标志着孝道的全面政治化。《孝经》将"以孝治天下"视为最重要的治国手段，它还按照社会地位的不同，把孝分为天子的孝、诸侯的孝、卿大夫的孝、士的孝、庶人的孝这五个等级，在这五等孝之中，卿大夫和士人的孝已经有了忠孝一体的内涵。

《孝经》站在统治阶级的政治立场，全面论述了孝道的思想观点，它"使儒家的孝道理论创造达到了顶峰，将传统孝道的浓厚亲情湮没于统治天下的纲常法规之中"。

汉朝重视孝道的程度众所周知，"以孝治天下"已经成为其最显著的特点。汉朝孝道文化的主要特点就是封建性、实践性、片面性。在汉朝，孝道主要用来服务尊卑有别的"三纲五常"，不再是单纯的道德规范，绝对服从是孝道的前提。统治者重视孝道并以身作则。从汉惠帝刘盈到汉灵帝刘宏，谥号都以"孝"字为首，充分显现了汉朝统治者对孝道的重视。汉朝推行奖励孝悌的政策，据记载，不论是朝臣还是平民，只要做了感人至深的孝悌行为，都能得到嘉奖，且这类奖励奖金数额可观。选拔官吏也是以孝道作为标准，官府授予的"孝子"称号成了很多人入朝为官的敲门砖。整个社会形成了浓郁的孝道氛围，宫廷歌词、民间绘画、石刻雕像……无一不充斥着浓烈的孝道思想。汉朝强调父为子天、父尊子卑，片面要求子女尽孝。汉代家长支配着子女的行为活动、人身自由、婚姻嫁娶、财产收支等，子女必须无条件尽孝。

魏晋隋唐时期仍然崇尚孝道文化，但是孝道文化在某些方面发生了变化，在一定程度上受到了削弱。魏晋时期，依然奉行"以孝治天下"的基本国策，统治者采取措施积极提倡孝道思想，重视丧礼，在选官上严格把控，不孝者不用。但魏晋时期提倡孝道具有虚伪性和欺骗性，达官显贵利用孝道沽名钓誉，标榜身份。隋唐统治者也重视孝道文化的推广，对于有孝行的典型事例会进行褒奖，比如免除徭役、加官晋爵、赏赐财物等。从客观上讲，隋唐国富民强，地主土地所有制以及中央集权制度的变革使得人们开始关注人的地位和价值。

传统孝道文化在宋元明清时期继续发展。这一时期，中央集权的君主专制进一步加强，孝道文化越来越极端化。宋朝政府大肆宣扬孝道思想，鼓吹"天下无不是的父母"，子女对父母要百依百顺，民间"孝子愚行"愈演愈烈，孝道已经成为禁锢人们思想的精神枷锁。元朝统治者对于前朝大肆颂扬的"卧冰求鲤"之类的愚孝行为极力反对并禁止，在一定程度上促进了人民的思想解放。然而，明朝建立之后，统治者推行"治乱世用重典"的严酷政策，意图用孝道描绘出海晏河清的盛世气象。和汉朝类似，明统治者格外注重自身的率先示范，认为"孝"堪称"帝王之先务，古今之通义"，在国家政策、选官用人、社会教化等方面大力推行孝道文化。清朝时期，农业、商业空前发达，中央集权的君主专制达到顶峰，孝道文化的发展也到达了鼎盛阶段。统治阶级将君权和父权集中整合为一体，将孝道的内容定义为绝对服从，社会上出现了大量"君要臣死，臣不得不死；父叫子亡，子不得不亡"的荒唐事件。君与臣、父与子之间已经完全变成赤裸裸的压迫与被压迫关系。

近代中国时局动荡、战乱频发，中华传统孝道文化受到了不同程度的冲击，经历了一个较为曲折的发展过程。中华民国成立之初，破旧立新，民主、共和思想受到了人们的接纳与拥护，政府对传统孝道文化中不合时宜的内容进行了否定与剔除。但革命果实被袁世凯窃取之后，袁世凯大肆鼓吹尊孔读经，企图通过传统孝道文化的力量培养愚民、巩固统治，其将传统孝道文化包装成带有欺骗性、迷惑性的思想武器。随着时间的推移，社会上出现了一批像贺麟、马一浮、徐复观在内的新儒家学者，他们对传统孝道文化进行了冷静客观的分析，肯定了传统孝道文化的正向价值，并重视知恩返报、敬养父母的核心意义，提倡弘扬传统孝道文化的精髓。

1949年新中国成立之初，党和政府主张尊重历史，批判性继承传统孝道文化，并针对其中带有封建性、压迫性的内容进行了否定。改革开放使中国迎来了解放思想、实事求是的新思潮，党和政府重新审视传统孝道文化的积极意义。传统孝道文化也因此重新进入人们的视野。优秀传统孝道文化对于发扬传统美德、实现民族复兴、维护社会治理、解决养老问题具有重要作用；在学术界，学者们主张将马克思主义与社会主义融入优秀传统孝道文化中，创造出既弘扬传统又体现时代精神的新型孝道文化。

第二节　优秀传统孝道文化的基本特征

一、优秀传统孝道文化的内涵

传统孝道文化是中国传统文化的特色与精华，包含着极为丰富的含义和内容。"孝"字最初出现在甲骨文和金文中，它的字形为上下结构，老人在上，孩子在下，孩子背负、承接着老人，基本含义是子女照顾、奉养父母。尽管朝代不断更迭，中国文字经历了小篆、隶书、楷书等形式的变化，但"孝"字的字形并没有发生很大改变，一直都呈现出子女背负父母的形态，关于"孝"的基本含义，也基本保持一致。中国最古老的辞典《尔雅》载，"善事父母为孝"，释义即能够善待父母、侍奉好父母就是孝。综合性辞典《辞海》也有相似表述："善事父母曰孝。"西汉文学家贾谊在《新书》中指出："子爱利亲谓之孝。"

意思是子女敬爱父母和亲人，并且所做之事对亲人有益处，这种子女就能够担当孝顺的名称。汉朝文学家许慎的《说文解字》称："孝，善事父母者。从老省，从子，子承老也。"意思是尽心尽力照顾父母的人，从年长的一代人开始做起，到年轻的一辈人再继续传承，一代一代把孝传递下去。可以看出，中国传统社会的"孝"是以血缘关系为前提的。《孝经》写道，"夫孝，天之经也，地之义也，民之行也"，"夫孝，德之本也"。在中国传统社会，孝被人们视为一种天经地义的事情，是一切道德规范的根本，也是人们生来就有的自然感情。"道"是指道路、方向和道理，是一种标准和规范。"孝道"就是指对孝的思想、理论及行为进行评判而做出的规范和准则。

可以说，中国优秀传统孝道文化是中华民族在长期的历史实践中形成的以孝敬父母为基础的一系列思想、观念、情感、行为等的总和。它是中华民族几千年文明的精髓与根本，是我国传统社会的核心道德准则，是中国人安身立命的基础。中国优秀传统孝道文化威力强大、影响深远，是分辨中华文化与其他文化的显著标志。因此，可以说"中国文化在某一意义上就是孝的文化"。离开了孝道去讨论、研究中华传统文化，是不严肃且缺乏依据的，孝道对中国社会历史的运行与发展影响深刻，中国传统社会在一定程度上说就是建立在孝道文化上的社会。

孝道本身是家庭、家族范畴的伦理规范，后来随着朝代的更迭，传统孝道文化有了更加丰富的内涵，孝道被延伸到社会领域和政治领域，成为一种普适性的伦理道德规范。这种丰富的内涵可以从《孝经》中找到依据："夫孝，始于事亲，中于事君，终于立身。"传统孝道文化构成了涵盖个人、家庭、社会、国家四个层面的思想体系。

在家庭层次上，优秀传统孝道文化包含着养亲、敬亲、谏诤、侍疾、善终等思想。奉养父母是子女报答父母养育之恩的最基本的方式，除了在物质上要满足父母，子女还要在精神上尊敬父母，使父母身心愉悦。但是，子女在孝顺父母的同时不能一味服从父母，对于父母的不合理之处要动之以情，晓之以理，以他们容易接受的方式进行谏诤。当父母身体有恙、疾病缠身时，子女要在身旁悉心照料、专心侍疾。当父母不在人世时，子女要为其举办葬礼和祭祀，以表达对已故亲人的思念和尊重。

在个人层次上，优秀传统孝道文化包含着立身、承志等思想。立身首先要爱护自己的身体，子女的身体是父母给予的，自己要重视、爱惜，不能改变和伤害。在此基础上，子女要形成良好的品行和作风，拥有优良的道德素质，做到不辱父母。承志是指子女要完成父母的心愿，成就一番事业，光耀门庭，延续家族的荣耀。

在社会层次上，优秀传统孝道文化包含着和谐、博爱等思想。"孝道"被推及社会领域，就有了博爱的含义，子女在家敬爱父母，进入社会要爱他人、爱万事万物。从"人不独亲其亲，不独子其子，使老有所终，壮有所用，幼有所长"到"老吾老以及人之老，幼吾幼以及人之幼"，无一不显示着宽广的博爱精神。通过这种同理心传递爱，整个社会就会呈现出一种和谐的状态，有利于社会秩序的稳定。

在国家层次上，优秀传统孝道文化包含着尽忠、报国等思想。中国宗法社会主张家国同构、移孝作忠，强调国是家的延伸，所以爱国与爱家相同，人们对于父母的爱到了政治领域就要相应转变为对国家的爱，忠孝相通。中国历史上不乏岳飞、文天祥这种为国尽忠、报效祖国的例子，他们舍小家为大家，为了国家的安全与稳定不惜牺牲自己。但中国历史上还有"自古忠孝难两全"的俗语，表明了社会承认国家利益是优先于个人和家庭利益的。中国优秀传统孝道文化有利于维护中国传统社会稳定，是有效的社会治理手段。

二、优秀传统孝道文化的特征

（一）情感性

随着时代的进步和社会的迅速发展，孝文化在漫长的历史长河中，逐渐演变成一种极具感情色彩的文化，尤其体现在家庭文化上。"孝"最为突出的特点就是它的不可选择性，主要表现在两个方面：第一，行孝权利和义务的不可选择性；第二，行孝对象的不可选择性。

对父母尽孝在家庭构架中是关键的组成部分，能够体现出家庭关系及社会制度。换言之，家庭结构的创建基础实际上就是成员自身义务的体现。家庭要想保持和谐发展，需要成员之间的配合，并且不断优化与调整。在该过程中，孝文化在不断进行着传承，时刻提醒子女对父母尽孝是必须履行的义务。

行孝对象的无法选择性主要体现在血缘关系上，古时人们十分信奉这种家族血缘关系，再加上血缘关系所具有的遗传性，自然使子女行孝的对象无法选择。父母与子女之间的血缘关系是无法改变的，人在成年之后，就算是不愿意孝顺父母，他的行孝对象也无法更换，这就是行孝对象的不可选择性。人们重视对父母养育之恩的回报。父母养育子女长大成人，这是一种养育之情，子女对父母的赡养义务则属于反哺的报恩之情。

（二）时代性

孝文化形成至今已经有几千年的历史，随着市场经济的不断发展，家庭结构也随之有了转变。从当下的社会发展现状来看，孝文化具有鲜明的时代性。孝文化在当代社会中具有鲜明的时代性。人们依旧将孝文化中的积极思想和观念当作价值观念中的核心来看待，在社会经济结构发生变化之后，这种观念之中也添加了新的元素，但它的民族文化内涵却依旧没有改变，这种新的文化内涵是历史发展与文化沉淀之后的新产物,有着较多的优势与作用,能够推动和谐社会的创建与完善,实现民族的更好发展。

第三节 优秀传统孝道文化的弘扬路径

一、坚持党的领导和政府的主导作用

中国优秀传统孝道文化的弘扬是一项复杂艰巨、耗时耗力的长期任务,它的进展状况影响着我国精神文明的建设和社会的长治久安。实现优秀传统孝道文化的弘扬必须依靠中国共产党的坚强领导,因为我们党从一开始就自觉肩负起传承发展中国优秀传统文化的历史责任,是中国优秀传统文化的忠实继承者、弘扬者和建设者。

第一,只有在党的坚强领导和政府的强力支持下,优秀传统孝道文化才能进行更好的弘扬。进行优秀传统孝道文化的弘扬涉及诸多方面,包括保护和利用传统孝道文化遗产、宣传和弘扬优秀传统孝道文化、加强中外孝道文化交流、创新孝道文艺创作等一系列艰巨复杂的工作。开展这些工作不仅需要党和政府的资金支持,而且需要党和政府发挥主导作用,完善社会保障制度、制定实施孝老政策、建立健全法律法规等。党和政府能够通过分析国内外形势,宏观把握优秀传统孝道义化现代化转化的相关问题,更有针对性地引导优秀传统孝道文化进行改造与更新。因此,没有党的坚强领导和政府的强力支持,这一系列纷繁复杂的任务就无法完成,优秀传统孝道文化的弘扬更不可能实现。

第二,党和政府进一步完善社会保障制度,推动优秀传统孝道文化的现代化弘扬。社会保障制度是我国民生工程的重点内容,对于增进民生福祉、

保障经济发展、促进社会公平起着至关重要的作用，是社会进步的体现。应加快完善社会保险制度，在整合改革医疗、养老的保险制度问题上，要把农村和城镇统筹起来，实现养老保险和医疗保险的双统一、全覆盖。要落实好失业保险制度，为失去经济收入来源的家庭提供资金支持，保障家庭尽孝的顺利进行。要完善社会救助制度，为失去劳动能力、生活困难的孤独老人提供无偿的照护服务；对存在严重老年病患的无业家庭提供特殊照顾，为其子女创造就业机会，减轻他们的养老压力；要完善社会福利制度，切实提高老年人的生活质量。

第三，党和政府积极出台鼓励性养老政策、弹性退休政策、社区养老政策，推动中华优秀传统孝道文化的现代化转化。鼓励性养老政策就是政府通过税收减免、带薪休假、购房优惠、褒扬奖励等举措引导子女践行孝道，缓解年轻人的养老压力，解决好子女自身发展与父母安享晚年之间的矛盾。例如，给予高龄老人家庭津贴奖励，激励人们在养老敬亲方面投入更多时间与精力，满足高龄老人的物质和精神需求。退休政策是一个与人口老龄化密切相关的工作，政府需要根据老年人口的不同需求实行弹性退休政策，给予他们更可靠的养老保障。对于家庭困难的老年职工，政府应该具体问题具体分析，为他们延长工作年限，满足他们的基本生活需要，让他们安度晚年。社区养老政策是为了配合居家养老而制定的政策，它通过设置社区服务网点、社区医疗机构、老年活动中心等方式满足老年人日益增长的生活服务需求，有助于保障老年群体的身体健康，提高他们的生活质量。这一政策带领着孝道文化逐步走出家庭，是社会养老的新思路、新举措，有利于扩散优秀传统孝道文化的影响力。

二、创新对优秀传统孝道文化的继承

（一）创新优秀传统孝道文化传承的家庭意识

1. 树立正确的家庭孝道教育观念

孩子从出生起，就以家庭为基础，家庭的文化氛围、文化素质的高低都会对孩子的三观造成影响，作为父母不仅需要为孩子提供物质生活条件，也需要为孩子树立正确思想。和谐的家庭关系及良好的家庭教育有利于孩子良好生活、学习习惯的养成，可以使孩子性格开朗，身心得到健康发展，建立起家庭向学校、社会发展的良性链接。言传不如身教，每个父母都应该重视自己的行为举止，它直接影响孩子的行为方式，每个孩子都有极强的模仿性，父母的各种表现都会直接地、迅速地成为孩子模仿的内容，并且对他们产生深远持久和潜移默化的影响。特别是在早期教育中，正确的孝道教育观念和行为会固化在孩子的脑子里，这对传承优秀传统孝道文化有重要作用。同时，要实现良好的家庭孝道教育，家长也要转变自己的思想观念，学习具有终身性，与孩子共同成长更有助于孩子取得更大成就。所以，家长要注重用现实社会适用的平等民主观念引导家庭孝道教育，做合格的倾听者、交流者和引导者。

2. 树立感恩意识推动孝道实践

要推动中华孝道文化创新传承，就要增强家庭成员的感恩意识，加强感恩行为的实行。要把感恩和孝道相融合，在我国的传统价值观中，"孝为百善之首"，要教育子女对父母的养育之恩应当心存感激，在不同的年龄阶段力所能及地帮助长辈完成相应的事情，避免把养育当成理所当然的事情，并且以此强迫要挟。父母用自己的言传身教为子女形成最直接、最客观的感受，从行为上建立感恩的具体活动，继而促进子女践行孝道。要避免单纯地把孝道等同于感恩，感恩意识是推动孝道实施的重要内在意识动力，感恩行为是尽孝行为中的重要内容，不能将孝道和感恩混为一谈。在家庭教育过程中，帮助青少年正确认识并理解感恩的含义，在今后的家庭生活中逐渐加强感恩意识培养，并引导建立正确的孝道观念，推行孝道行为，对家庭成员形成和谐关系、家庭生活有序进行具有重要的影响和意义。

（二）夯实优秀传统孝道文化传承的学校教育基础

就世界范围而言，目前的教育方式主要有三类，分别是家庭教育、学校教育和社会教育，其中学校教育占主体地位，它对个人一生的发展起着决定性作用。在学校里，学生可以有计划、有目的地接受文化教育、道德修养及社会规范的学习。良好的学习氛围有助于个人文化水平的提高及道德素养的形成，从而形成较为稳定的思维观念。在现代社会中，越来越重视学校教育的重要性，能够促使人们顺利地由个人小家庭走向社会大家庭，对个人的社会性有极其重要的导向作用，因而在社会中有着举足轻重的地位。对于孝道文化的传承需要学校给予大力支持，宣传孝道思想，推广孝道行为，从而对社会人群产生影响。

1. 完善孝道课程资源，增加教学内容

学校可以开设各种校本课程，让孝道教育进入课堂。对各阶段、各年龄的学生开设不同类型的课堂教学，让孝道教育逐渐融入课堂教学和学校生活中，从而形成一套系统的学校孝道教育体系。在教材内容的选择上以优秀传统孝道文化为依托，如《弟子规》《孝经》等经典中的名言警句，自古以来传承的孝道故事等，现代社会中典型的敬亲孝亲行为、模范代表、尊老敬老故事，同时结合思想道德教育全方面开拓孝道教育渠道。学校可以大课堂的方式对全体师生及家长推行孝道讲堂，把学校的孝道教育引入家庭教育中。

同时加强劳动技能技术的培养，增强孩子的社会生存能力及动手能力。孩子们平时帮助父母做些力所能及的家务事，在传统的感恩节日或孝老节日送上自己的祝福，从而实现孝道文化的传承。

2. 加强传统孝道文化的校园建设

文化学习是人类特有的社会活动，它会对个人的思维方式、社会的认知能力及社会实践能力起到重大作用，对个人的道德素质修养有着潜移默化的影响。在传承中华优秀传统孝道文化的活动中，学校可以营造相应的文化环境，以实现传承的行为和效果。充分发挥学校文化主题墙的作用，张贴各种传统孝道故事，吸引学生阅读和感受孝道氛围；在楼道分别以"孝、敬、礼、德"为主题，创办以孝道为主题的黑板报、手抄报，举办孝道名人故事演讲，瞻仰古代孝道名人画像等活动，真正让"墙壁能说话，作品能育人"，在耳濡目染中自然而然地提高学生的孝道意识。此外，可定期举行各种孝道主题活动。例如，绘画、书法展示活动，经典诵读活动，孝道故事演讲比赛等；组织学生集体观看与孝道亲情有关的教育片，邀请专家学者来校进行孝道亲情主题演讲，激发学生的孝亲敬亲情结；布置课后作业"了解自己的家庭，了解自己的父母"，理解父母带给自己的有利条件和父母养家的艰辛不易，形成正确的家庭观。通过校园环境营造，让学生、教师甚至家长时时刻刻都沉浸在孝道文化氛围中，潜移默化地受到熏陶，从而推动优秀传统孝道文化的传承。

（三）优化优秀传统孝道文化传承的社会环境

1. 在城市建设中体现中华孝道文化

随着中国经济与世界的接轨，中国经济迎来了飞速发展的机会，同时也极大地推动了城市建设，城市为人服务的能力和教化能力越来越强。传承优秀传统孝道文化，可以在城市建设中加大宣传，形成弘扬孝道文化的社会氛围。

首先，可以搞好公共区域孝道文化宣传。城市公共区域是人群密集的地方，受众广，可以形成良好的宣传作用。广场或者公园是一个城市的公共开放区域，是市民娱乐休闲的地方，人群聚集量大，文化的隐形感染力量强烈，文化可以与广场有机地结合成一体，广场便可以成为传播孝道文化的载体。文化增强了广场的内涵。可以在广场、公园中加大宣传孝道文化，如添加具有孝道文化意义的建筑、雕塑及相关配套设施，在公共广场、公园开展孝道文化活动，增加人们的参与度。在城市道路区域增添孝道故事宣传牌，讲解孝道小故事，宣扬时代新孝道，在公共环境中增强孝道文化的渲染。

其次，可以增加城市孝道文化片的宣传。城市宣传工作一般由政府部门主持，可全方位地对一个城市的经济、政治、文化、历史进行宣传。孝道文化可以借助城市宣传片进行宣传，反映出当地对孝道文化的重视。现代社会电视、电脑等已经普及，它们也是宣扬孝道文化的良好窗口，地方电视台应该充分利用电视、网络形成孝道风气。

最后，加强孝道文化产业的发展，扩大孝道文化消费。发展文化产业可以客观上促进城市对文化的挖掘，提炼文化价值。传统义化对社会影响力大，中华孝道文化是传统文化的重要内核，文化产业的发展必将带动孝道文化价值力量的传播，推动孝道文化传承。例如，可以在城市中建立孝道文化基地、孝道文化博物馆、孝道文化践行基地等，配合文化宣传，吸引人们参观学习，潜移默化地获得孝道反思。再如，打造特色文化体育旅游产业带，利用旅游业和文化产业推动孝道文化传承，建立孝道文化工业园，生产孝道文化相关产品，鼓励支持外来人员在该产业投入发展。通过经济发展带动孝道文化发展，实现优秀传统孝道文化的创新性传承。

2.发扬传统节日中的孝道意识

传统节日是中华民族优良传统传承的重要方式，也是中华民族对传统文化的一种认同。中华民族在悠久的历史发展中形成了诸多传统节日，如春节、元宵节、清明节、端午节、中秋节、重阳节等，在传统节日中普遍蕴含中华民族的孝道观念。春节期间外出的子女要归家看望父母，一家团圆，以尽自己的孝义；清明时节祭祖思亲，缅怀先祖；中秋节是团圆节，一家赏月吃饼。在这些传统节日中，中华民族孝亲敬亲、奉养父母、祭祀追思等思想得到明显的展示。现代社会传承优秀传统孝道文化要坚持扬长避短，创新思想，不断适应现代社会要求，不断赋予传统节日新的文化内涵，推动中华民族优良传统的不断扩展，推动优秀传统孝道文化适合现代社会的发展，从而不断推动社会道德水平的提高。国家可以在这些传统节日中，通过宣传孝道文化或举办有关孝道文化的活动来提升人民的孝道思想以及推动孝道文化的传承，从而彰显我国的孝道文化。

在传承的过程中，要注意形式和现代观念的转变，摒弃落后习俗，做到符合现代文明要求。在践行优秀传统孝道文化时要将传统仪式与现代社会相结合，倡导人们通过对先人墓地的清扫、添土、献花等文明方式寄托哀思，既能够表达后人对逝者的思念和对祖先的尊敬，也是对孝道思想的创造性转化和创新性发展的体现。再如，在重阳节期间，社会可以开展尊老敬老活动，培养人们践行孝道的思想观念和行为活动，充分挖掘传统节日中的孝道思想，从传统佳节中感受优秀传统孝道文化独有的仁爱之情、责任义务、感恩道义以及爱国情怀，进而加强他们的归属感，既帮助个人成长，形成良好的思想品德，又助力形成民族凝聚力、自信力和创造力，实现优秀传统孝道文化在现代社会的创新性传承。

三、创新优秀传统孝道文化的话语体系

中国优秀传统孝道文化是过去时代的产物,它的话语体系反映着过去时代的民族心理和价值观念,必须随着时代的发展不断更新,推动优秀传统孝道文化的现代弘扬。

(一)创新中国优秀传统孝道文化话语体系的内容

社会历史发展阶段不同,传统孝道文化话语体系包含的内容也就不同。过去的孝道文化话语体系处处体现着纲常伦理和长幼尊卑,已经不再适用于当前的社会主义社会,应该朝着现代社会所倡导的自由平等、民主和谐的方向转化,实现话语内容的更新。应用到中国优秀传统孝道文化的语言表达上,就是对传统孝道文化的术语进行利用与转化。中国优秀传统孝道文化博大精深、内涵丰富,包含大量的孝道术语,如寂水承欢、孝悌忠信、入孝出悌等。但随着时代的进步与发展,优秀传统孝道文化的这些术语已经慢慢被人们淡忘,逐渐失去了生命力和影响力。因此,在今天传承和弘扬中国优秀传统文化的语境下,要全面了解和把握优秀传统孝道文化的术语,清楚其来源和寓意,进而根据时代发展需要取其精华、去其糟粕,保留仍具有时代价值的术语进行利用和宣传,激发其生命力,并积极落实到我们的学习和工作中,展现其时代魅力,让中国优秀传统孝道文化像空气一样无处不在、无时不有。

在弘扬与推广中国优秀传统孝道文化术语的基础上,我们还要学会举一反三、学以致用。一是根据时代发展需要对孝道术语进行改造和完善,赋予其新的时代内涵。二是将中国优秀传统孝道文化与时代发展相结合,创造出新的孝道术语。我们要在参与优秀传统孝道文化的弘扬中发挥主观能动性,实现孝道术语的创造与转化。另外,优秀传统孝道文化中存在着大量的现代可用的历史典故,值得我们在话语表达中运用。如扇枕温席、怀橘遗亲、负

米养亲这些历史典故对于培养人们孝顺父母、乐于奉献的优良品质有着强大的教化作用。通过在适宜情境下引经据典，能够深化人们对中国优秀传统孝道文化的认可与理解，进而增强优秀传统孝道文化的吸引力和感召力。

（二）创新中国优秀传统孝道文化话语体系的形式

话语体系只有在形式上寻求创新，中国优秀传统孝道文化才能跟得上时代、留得住人心。

一是要广泛借助大众传媒的宣传与推广作用。现代社会发展日新月异，科技飞速进步，中国优秀传统孝道文化以前落后的表现形式已经不足以满足新的社会发展需要，急需进行转化。以报纸、广播、电视、网络为主要载体的大众传媒，能够在极短的时间内完成大量信息的传递，并且具有扩散距离远、影响力度大的特点和优势，非常符合人们当下的文化发展需求，也符合中国优秀传统孝道文化话语体系创新的现实需要。它们能够在短时间内传播优秀传统孝道文化中孝敬父母、夫妻和睦、家庭和谐、诚实守信的价值观念，使其以更加生动形象的方式展现在人们面前，让原本看起来神秘悠远、晦涩难懂的传统孝道文化变得简单明了，拉近了人们与传统孝道文化之间的距离。因此，借助大众传媒弘扬中国优秀传统孝道文化，既能够潜移默化地影响人们的思想和行为，又能够扩宽优秀传统孝道文化传播的渠道和范围。

二是要创作以中国优秀传统孝道文化为中心的文化精品。文化作品具有新颖独特、寓教于乐、易于共情的鲜明特征，通过把优秀传统孝道文化与人们喜闻乐见的文化作品结合到一起，能起到事半功倍的作用。今天我们的文化创作要在充分挖掘优秀传统孝道文化资源的基础上，融合以新颖独特的题材、内容和形式，使中国优秀传统孝道文化以全新的表现形式展现在人们面前，进而激活优秀传统孝道文化的生命力。

四、大力建设现代孝道文化事业和产业

在"十四五"时期的经济社会发展目标中,就包括了"繁荣发展文化事业和文化产业"这一内容。实现优秀传统孝道文化的现代化转化,必须统筹文化事业和文化产业的协调发展,没有二者的共同发力,优秀传统孝道文化的丰富资源就不可能转变为现实的文化力量。

文化事业是以政府为主导,以满足人民精神文化需求、提升国民素质为目标,向社会提供公共文化服务的公益性事业。文化事业是人民充分享受国民经济发展成果的体现。要使优秀传统孝道文化完成现代化转化,必须重视文化事业发展。通过国家的扶持和宣传,使优秀传统孝道文化的丰富资源得以利用,扩大优秀传统孝道文化的影响力,从而提升人们的孝德素养,增强国家文化软实力。

(一)完善优秀传统孝道文化的基础设施建设

首先是建造与优秀传统孝道文化有关的图书馆、博物馆、文化馆和主题公园,把优秀传统孝道文化真正当作民族特色来建设。通过这种人们看得见、摸得着的方式阐释中华优秀传统孝道文化、展现其时代魅力,有利于人们从现实的图书、器物和景观中汲取孝道文化精华,增强对优秀传统孝道文化的兴趣与了解。

其次是在已有的公共基础设施中增加优秀传统孝道文化元素,营造孝老氛围。如今现代化的城市建设虽然处处先进,但是缺少中华民族的文化底蕴,故而可以将传统孝道文化融入城市建设中,适当地添加优秀的孝道文化元素,实现孝道文化的现代化转化。例如,在公园、广场、商场、商业街等公共场所中增添有关孝道文化的雕塑、壁画和涂鸦元素,并以人们所熟知的孝道故

事为素材，实现优秀传统孝道文化与现代流行元素的时代碰撞，以增强中华优秀传统孝道文化的吸引力和感召力。

再次是利用已有的公共基础设施，扩大对优秀传统孝道文化的宣传。可以将优秀传统孝道文化同样凝练成简短的核心内容进行推广，广泛利用公交站、地铁站、社区公告栏和街道电子显示屏等设施进行推广与宣传，拓宽传统孝道文化的传播途径，强化其教化功能。

最后是专门为老年人提供个性化服务，把优秀传统孝道文化融入孝老敬老的社会生活中，切实改善老年人的生活状况。例如，可以通过设置老年人文化娱乐场所、多功能活动区、智慧养老服务平台、敬老爱老志愿服务队提升老年人的生活品质，丰富老年人的精神生活；可以在公共场所的基础设施中为老年人增添专用健身器材、无障碍通道，提供老花镜和拐杖等服务，为老年人提供更多生活便利，也能增强优秀传统孝道文化的感染力。

（二）广泛开展孝道实践活动

一是举办孝子评选活动，引起人们对孝道文化的重视与兴趣。党和国家一直非常重视优秀传统孝道文化的宣传与传播，各省、市、县、镇人民政府都会定期举办"十大孝子评选活动"，各级宣传部、文明办、民政局和广电局通力合作，通过严推荐、严考察的正规程序评选出孝道模范。通过对孝道典型模范进行表彰和奖励，能够激励人们弘扬孝亲美德，提高参与优秀传统孝道文化活动的热情。同时，对获奖的孝子模范进行多渠道的采访和报道，扩大孝道文化的影响范围，形成热烈的社会反响，向社会传递正能量。孝子评选活动带来的社会效应能够在很大程度上引导人们向孝道模范学习、提高自身道德要求、履行孝道义务。

二是组织大型的亲子活动，在互动交流中有效生成孝道意识。孝道是建立在父母与孩子的亲密感情上的，只有双方彼此了解和关爱，孝道意识才能产生并发挥作用。现代社会生活节奏很快，父母很容易忽视孩子的成长，在感情和陪伴时间都缺乏的情况下，孩子可能无法对父母产生尽孝的意识。而亲子活动生动欢快，形式多样，游戏互动、节目演出、信件互换等都可以有效地拉近代际之间的距离，促进彼此了解，强化内在亲情。可以看出，这种活泼有趣的亲子活动既能够为父母与孩子创造亲密接触的机会，激发孩子的孝道意识，也能够引导父母重视对孩子的关心与陪伴。

三是开展与优秀传统孝道文化有关的技能比赛，增进人们对传统孝道文化的认同。例如，通过开展孝道理论知识竞赛、孝道法律知识竞赛、孝道书法绘画竞赛、孝道微视频竞赛和孝道征文竞赛等，展现优秀传统孝道文化的现代风采，引发人们对优秀传统孝道文化的学习热潮。

四是组织关于优秀传统孝道文化的讲座、论坛和学术会议，为实现优秀传统孝道文化的现代化转化建言献策。学术界的专家、学者往往有着高超的专业水准，他们能够在深刻的研究与讨论中激发灵感，进而找到优秀传统孝道文化现代化转化的突破口和路径，从而为实现优秀传统孝道文化的现代化转化做出理论贡献和方法贡献。

五是举办企事业单位对老员工、退休员工的慰问活动。孝道文化并不只是家庭内部独有的，它还存在于工作环境和社会环境中，但企事业单位内部的氛围还有待于提高。在这种组织结构内部，老年员工很容易受到忽视。这一现象值得企事业单位重点关注。企事业单位应充分尊重老员工和退休员工，提高对他们的待遇。企事业单位可以通过向老员工和退休员工定期发放福利用品、补贴困难家庭、发送节日问候、提供免费体检、定期探访等多种形式体现本工作单位对他们的重视。

（三）加强对文物的保护利用

在中国延续了几千年的中华优秀传统孝道文化留下了大量的宝贵文物，必须加强保护和利用。

一是要加强文物管理工作。对现实存在的文物进行全面登记和保存，确定文物的留存时间和历史来源，规范民间对文物的收藏行为，重视馆藏文物的保护工作，严格控制文物的拍卖行为。

二是对现有的孝道文物进行再阐释和再利用。在研究文物的历史价值和文化价值的基础上，要发挥创造力，充分利用其历史内涵和历史意义，使尘封已久的文物"活"起来，让人们在现实的器物中感悟优秀传统孝道文化，接受孝道文化的熏陶。

三是加强传统孝道遗址的推广宣传。孝道文化遗址凝聚着不同历史阶段的孝道价值观念和伦理规范，具有深厚的文化底蕴。比如陕西省的中华孝道第一村——子孝村，是历史上著名的"丁兰刻母"的发源地，孝道氛围十分浓厚，不仅留存着威严肃穆的丁公祠，而且还保留着被纳入省级重点保护文物的丁兰墓。这些文化遗产充分体现着人们对优秀传统孝道文化的认可、对丁兰的景仰，发挥着强大的警示和教化作用。由此可见，保护优秀传统孝道文化遗产，就是保护中华民族特有的孝道精神。

在通过发展文化事业推动优秀传统孝道文化现代化转化的同时，还要重视文化产业的发展。文化产业是由多种经济主体共同经营，以满足市场需要、创造经济效益为目标，向社会有偿提供文化商品的营利性产业。通过挖掘文化的有效资源释放市场潜能，文化产业能为社会经济发展创造可观的经济收益。市场经济与传统文化并不是对立的两个方面，只要文化坚持社会主义方向、以人民的需求为指导，就能保持健康发展，保证社会效益和经济效益的双丰收。

中国优秀传统孝道文化蕴含着丰富的孝老敬亲的资源，且与每个人息息相关，在我国经济高速发展和中华孝亲美德盛行的情况下，它能充分发挥资源优势，为我国经济发展助力，实现现代化转化。

第一，推动优秀传统孝道文化与多种社会行业的有机结合。传统孝道文化作为历史悠久的事物要转化为文化产业，必须依托现代社会新的表现形式，只有这样，古老的传统孝道文化才能在现代社会中活跃起来，并为社会经济发展贡献力量。

一是将优秀传统孝道文化融入旅游业。近年来，我国经济实力愈发雄厚，人们的可支配收入变多，旅游越来越成为人们消费支出的重点。著名的孝子故里、孝道文化遗址和文物古迹都可以成为人们旅行的地点，在这种孝道氛围浓厚的环境里，旅行者能直接接受孝道教育、感悟孝道魅力。年轻人为了孝敬父母，也愿意陪着父母去其他城市旅游，泡温泉、逛景点都是老年人喜欢的游乐方式，这种消费除了能给旅游景点创收，还能带动附近的饭店、宾馆、超市盈利。优秀传统孝道文化与旅游业的结合不仅能获得巨大的经济收益，而且能向人们直接传输孝道文化，是一举两得的事情。

二是将优秀传统孝道文化融入影视业。我国的动漫行业近年来在文化产业中的比重越来越高，展现出不断成熟的趋势，被广大儿童、青少年喜爱。将脍炙人口的孝道故事和真实的孝子案例融入动漫作品中，不仅能提高收视率、产生经济效益，而且还能寓教于乐，引导年轻观众感恩父母、知恩图报。如今，我国的经典孝道素材已经走出国门、传到国外，2020年电影《花木兰》的上映赢得了广大国际友人的称赞，也展现出了传统孝道文化强大的号召力和感染力。在故事中，花木兰不忍年迈父亲奔赴战场，于是替父从军。特写镜头数次展现了花家祖传的一枚玉佩，那枚玉佩的正中央正是一个大大的"孝"

字，这个字始终提醒着花木兰为小家尽孝、为国家尽忠，电影最终获得了巨大的成功，不仅赢得了数亿票房，更传播了中华孝道。

第二，借助中华优秀传统孝道文化大力发展"银发经济"。预计到2050年，我国老年人消费市场将达60万亿元，这将给我国经济发展带来活力和刺激。随着人们生活水平的提高，老年人的消费观念发生了极大转变，体检、健身、网购、娱乐成为他们新的养老需求。面对如此大的市场需求，优秀传统孝道文化必须在人口老龄化的压力下抓住机遇、释放经济活力。偌大的老年人市场能够激发消费潜能，创造出一批新型就业岗位，例如老年护理培训员、养老护理员、康复治疗师都是热门的新兴职业，子女们也愿意把钱花在这种服务业上；人工智能和大数据的蓬勃发展并不能丢下老年人，老年人也有着与时俱进的渴望与追求，设计一款适合老年人使用且满足老年人上网需求的电子产品是很有必要的；在未来，研发和推广医疗机器人不是梦，智能机器人能为老年人提供医疗和生活服务，甚至可以解决子女无法床前尽孝的难题。由此可见，"银发经济"促成的是双赢结果：老年人的生活质量提高、幸福指数上升，市场经济也更欣欣向荣。

第七章　中国优秀传统文化的创新与展望

中国优秀传统文化历史悠久，一脉相承，是新时代增强文化自信的重要源泉。对优秀传统文化进行创新与展望有其必然的历史逻辑和现实逻辑。优秀传统文化在维系民族命脉，滋养共产党人的革命情怀方面发挥着重要作用。

第一节　中国优秀传统文化的传承创新

一、中国优秀传统文化传承创新的价值意蕴

（一）涵养新时代公民道德

从个人角度而言，推动中国优秀传统文化创新发展是涵养新时代公民道德的有力武器。在诸多因素影响之下，我国的公民道德建设依旧存在一些问题，从中国优秀传统文化中汲取精华，继承并弘扬蕴含其中的中华传统美德，有利于满足公民个人的精神文化需求，从而适应新时代背景下公民道德建设的最新要求。

1. 弘扬中华传统美德

中华传统美德是中华文化精髓，是道德建设的不竭源泉。中华传统美德的深刻内涵既体现在仁人志士的伟大壮举之中，也体现在每一个中国人微小

的善举之中。众所周知，中华传统美德是中国优秀传统文化的精髓，推动着中国优秀传统文化的创新性发展。当前，我国的社会环境中虽然存在理想信念缺失、价值取向功利化、社会责任感淡漠等现象，中华传统美德在多元文化的影响下也略显乏力，但是在新时代的背景之下，中国优秀传统文化的创新发展能够为中华传统美德持续注入活力，让其重新焕发出时代魅力。为此，要充分挖掘中国优秀传统文化中蕴含的丰厚道德资源，让中华传统美德在新时代的背景下大放异彩。

2. 满足精神文化需求

自改革开放以来，我国在经济、政治、文化等方面都有了长足的发展，尤其是经济建设方面取得的成就尤为突出，这样造成的结果便是人民群众物质层面的需求已基本得到满足。以衣食住行为例，人们大多已经摒弃了之前的陈旧观念，穿衣理念从防寒保暖转变为时尚好看，饮食习惯从吃饱喝足转变为营养均衡，居住方面从低矮平房转变为砖瓦楼房，出行方面从自行车转变为私家车、飞机高铁。这些变化都足以说明人们的物质需求已上升到另一层面，随之而来的便是精神文化方面的需求。然而，伴随经济快速发展而来的产物便是，人们对精神文化需求的理解与认知存在不同程度的偏差。一部分人过于看重精神文化需求的重要性，从而偏离现实，一部分人则对精神文化需求的价值视而不见，还有一些人在精神文化方面的需求得不到满足，从而盲目崇尚他国文化。造成此种现象的原因是多方面的，要想改变这一情况，在新时代背景下，努力推动中国优秀传统文化的创新发展不失为一个良策。精神文化需求与人民群众的精神生活质量息息相关，人民群众的精神文化需求日益得到满足，其精神生活质量也会得到相应的提高，从而能够拥有独立的自我、提高思想道德素质，进而促进人的自由全面发展。同时，精神文需求的满足程度也关系人民群众的人心向背与民心凝聚，积极弘扬主旋律，提高精神文化需求，便能够最大限度地凝聚人民群众的力量。中国优秀传统文化凝结着无数人的智慧，大力推动其创新发展有利于满足民众精神文化需求。

（二）培育和践行社会主义核心价值观

社会主义核心价值观是社会主义建设的重中之重，我国作为一个社会主义现代化国家，坚持和发展社会主义核心价值观有其历史必然性。中国优秀传统文化之所以能够培育和践行社会主义核心价值观，究其原因，便在于其与社会主义核心价值观的核心思想不谋而合、同根同源，两者都属于社会意识的范畴，都能起到恰如其分的导向与规范作用。社会主义核心价值观以其内容的深刻性，不仅能够直接提供价值引导，而且能间接推动中国梦的发展进程。

1. 提供价值引导

社会主义核心价值观从国家、社会以及个人三个角度提出了相应的价值要求，这些内容表面上看与中国优秀传统文化没有太大的关联，然而其内核却与中国优秀传统文化有着密不可分的联系。就国家层面而言，"富强"最早可追溯到"富民"思想的提出；"民主"这一概念在"民为邦本""民贵君轻"等民本思想中都有迹可循；"文明"这一概念更是极大地契合了我国礼仪之邦这一定位，儒家思想的产生与发展在"礼"这一方面表现得尤为突出；"非攻""兼爱""尚和"等内容则为"和谐"思想的提出提供了诸多理论渊源。就社会层面而言，道家思想的"无为而治"强调遵循自然规律的重要性，便隐约有"自由"的影子；"平等"体现在儒家"有教无类"等思想中；"公正"体现在西周时期提出的"天下为公"思想中；"法治"则早在春秋战国时期的法家思想中多有体现，如韩非子的"法不阿贵"。就个人层面而言，"爱国"不仅体现于各种传统文化典籍中，更体现于世世代代人们的实际行动中，"位卑未敢忘忧国""人生自古谁无死，留取丹心照汗青""路漫漫其修远兮，吾将上下而求索"等诗句跨越千年依然有震撼人心的力量；"业精于勤荒于嬉"则是"敬业"的生动体现；"诚信"作为中华民族的传统美德，在"一言九鼎""一诺千金""立木为信"等多个成语故事中均有体现；"彬彬有礼""谦谦君子""毕恭毕敬"等都可体现"友善"。由此可以看出，坚持中国优秀传统文化的创新发展，可以起到提供价值引导的作用，与培育社会主义核心价值观并行不悖，可让人们对社会主义核心价值观的理解更为深刻。

2. 促进社会和谐进步

在我国综合实力持续提高的过程中，社会和谐进步的成效也是日益显现的。在"自由、公正、平等、法治"的价值理念上，与中华传统文化仍然具有非常密切的关系。儒家思想强调"有教无类"，人皆可以通过教育成才成德，应当根据社会实际以及个人才德殊异做出公正决断和合理分配。道家认为，"道生一，一生二，二生三，三生万物"。另外，道家还主张人人平等。这为我们在社会层面的"平等"理念找到了传统文化的根基。传统的中国虽然是一个专制的"人治"国家，但这并不意味着古代中国就没有法治因素。儒家的"德主刑辅"思想，道德教化为主，刑罚为辅，以刑罚保证德礼，以德礼指导刑罚，二者不可偏废。法家历来重视法的作用，认为法作为一种客观尺度，是非功过、褒贬奖罚都要依靠法来衡量。"法不阿贵，绳不挠曲"，强调在执法、司法过程中要严格公正，一视同仁。需要注意的是，当前的法治思想与法家学派提倡的法治存在着本质上的区别，但其蕴含的重法精神与社会主义核心价值观中的"公正""法治"理念相吻合，存在着一定的源流关系。因此，传统文化中的精华部分对于建设社会主义和谐社会具有一定的滋养功能。

3.推动中国梦发展进程

中国梦这一概念最初是在 2012 年提出来的,这一概念并非横空出世,而是基于历史与现实等多重维度提出来的。就历史维度而言,从农业文明时期开始,中华民族便始终以独特的智慧为人类文明发展做出突出贡献,中国人民始终勇于接受现实给予的挑战。就现实维度而言,中国梦是立足于中国特色社会主义伟大实践而提出来的。但同时也要清醒地认识到,中国梦的实现是一个长期的过程,是一个前进性与曲折性并存的过程,当下中国梦的实现依然有诸多阻力。在新时代背景下,"实现中华民族伟大复兴的中国梦"需要多方的共同努力,其中,中国优秀传统文化的创新发展亦是不可忽视的重要推动力。其一,对本民族文化的认同是实现国家繁荣富强的重要基础,中国优秀传统文化可为中国梦的发展提供精神支撑,使其扎根于民族文化的土壤中。其二,中国梦的实现需要每一个中华儿女的努力,中国优秀传统文化因其内在特性,可起到凝聚人心、汇聚力量的作用,从而为中国梦的发展提供动力支撑。

(三)助推建成社会主义文化强国

从国家层面来说,中国优秀传统文化的创新发展也是文化强国建设进程的重要一环。文化强国战略是我们党根据时代发展趋势经过深思熟虑后所做出的抉择,需要坚定不移地持续推进。

1.增强文化软实力

增强文化软实力对于文化强国的建设具有不可忽视的作用。一方面,文化软实力的强弱与一国的综合国力有着密不可分的关系。当今的世界早已不再是简单的硬实力博弈,软实力竞争日益成为各国看重的战略制高点,其中文化软实力的竞争尤为激烈。纵观当今世界的软实力竞争,日本凭借动漫在全世界都享有盛名，多部动漫以其鲜明的人物形象成为一代青少年的童年回忆，时至今日依然具有巨大的影响；韩国则以韩剧作为文化软实力竞争的重要武器，多部韩剧的风靡，极大地提高了韩国的综合国力；美国的电影以炫酷的视觉效果、非凡的内容创新在软实力竞争中占据了重要地位。另一方面，文化软实力对于维护国家形象同样大有裨益。良好的国家形象相当于一个国家的名片，于内可维护民族团结，于外可扩大国际影响力。为了维护我国负责任的大国形象，推动中国优秀传统文化的创新发展，提高文化软实力势在必行。

2. 提高国际话语权

国际话语权所涉及的领域方方面面，提升国际话语权不仅能够更好地维护本国利益，而且能为一个良好的国际秩序与国际环境构建添砖加瓦，增进世界各国人民对本国的了解与价值认同。如今，我国的国际话语权与经济发展情况不相匹配，这其中的原因是多方面的。一方面是我国的话语传播渠道有限，即便是传播内容优质也较难产生较大的影响力，导致"有理说不出"；另一方面则是个别有心之人，利用其在舆论方面的优势挤压中国的国际话语权，导致"有理说不清"。中国优秀传统文化以其深厚的文化底蕴为提升国际话语权提供了全新的时代契机。其一，中国优秀传统文化可为本国国际话语权的构建提供崭新的视角与理念，从而推动构建具有中国特色的话语体系。例如，当下我国所提出的人类命运共同体理念、"一带一路"倡议等都可从中华优秀传统文化中找到根源。其二，中国优秀传统文化能够以润物细无声的方式讲好中国故事。中国优秀传统文化历经千年而不衰，其思想与内容博大精深，深入挖掘其中与本国话语体系相贴近的生动例子，能够以妙趣横生的方式讲好中国故事。

（四）促进国家治理体系与治理能力现代化发展

在中国特色社会主义建设的过程中，文化体系建设的重要性逐渐凸显，且文化内容对其他领域的发展和建设也会带来直接影响。我国在长期的发展和实践过程中，逐渐突出了文化建设的价值，为中国传统优秀文化的学习和传承提供助力支持，使我国朝着高质量、高水准的方向发展。

中国优秀传统文化凝聚了国人的智慧和价值观念，所形成的群众基础较为牢固。大众对于该类文化形式比较容易接受，其中蕴含了较为深刻的精神和理念，与现阶段的文化产业和文化事业发展需求相符合。

我国以建设文化强国为主要目的，为中国优秀传统文化的传承和发展奠定了基础，并且为文化产业和文化事业的转型提供了助力支持。文化产业和文化事业的发展能够提高社会经济的发展水平，确保所创造的文化市场能够与大众的需求相契合。

中国优秀传统文化凸显出了中国发展特色，并且能够反映中国国民的精神和品格，将其作为我国文化事业和产业发展的重点内容，在学习和传承中国优秀传统文化的过程中，能够对大众的思维和意识产生影响。

为了加快国家治理体系和治理能力的现代化发展进程，国民的个人观念、意识需要进一步加强。中国优秀传统文化具有一定的指导意义，能为大众的行为和意识发展提供明确引导，使其能够从精神层面出发，树立正确的价值观念。

二、中国优秀传统文化传承创新的基本原则

（一）立足中国国情

在中国优秀传统文化学习与传承阶段，应将其与我国的基本国情相联系。

在中国优秀传统文化发展的过程中，将中华民族的悠久历史作为主要来源，能够深刻反映我国的历史和国情。

随着我国经济实力的不断提升，在思想文化等领域的多元价值观不断发展，加上市场经济的冲击，逐渐产生了一些不良思想。在社会主义文化建设的过程中，要积极应对现实难题。

对中国优秀传统文化学习、传承和发展，能够为我国文化软实力的发展提供支持，促使文化软实力不断加强，为中华民族的伟大复兴奠定基础。所以，需要从社会主义初级阶段出发，结合基本国情，促进各项文化工作的全面开展。

在中华民族思想文化的发展过程中，社会各界要积极学习并主动传承中国优秀传统文化，为正能量的传播提供充足的空间支持。借助大量的文化内容，助力中国特色社会主义现代化建设。

在全面深化改革的过程中，在构建驱动机制时，要以文化和创新为主要目的，结合我国的国情，对新情况和新问题予以全面研究，提出有针对性的引导措施，使中国特色文化产业能够朝着健康化的方向发展，实现社会主义现代化发展目标，进而提高我国的文明发展程度。

（二）坚持以马克思主义为指导

当代中国对古代思想文化遗产的珍视，是对民族文化的认同、是对其价值的肯定。但对传统文化的重视，也出现了一些质疑的声音。

必须明确的是，对于古代思想文化的转化必须是在马克思主义指导下进行。

（三）坚持民族精神与时代精神相结合

中国优秀传统文化要想在新时代背景之下实现创新性发展，除了要立足中国国情，坚持以马克思主义为指导，还应坚持民族精神与时代精神相结合。二者虽各有侧重，但都是推动中国优秀传统文化创新发展的催化剂。二者不是相互独立的关系，民族精神为时代精神的形成打下了深厚的基础，时代精神是民族精神在当代的重要体现。坚持二者的统一融合，才能让中国优秀传统文化在原有的基础上有所突破。

坚持民族精神与时代精神相结合，就要将爱国主义与改革创新有机融合，这一特点在近几年的热门电影中表现得尤为突出。这些电影的大获成功，不仅仅是因其将爱国主义精神展现得恰如其分，更重要的是，电影工作者在创作的过程中，别出心裁地采取全新的形式或视角，让观众有耳目一新的观感。由此可以看出，坚持民族精神与时代精神相结合，的确能够取得"1＋1＞2"的功效，在文艺创作方面尚且如此，推而广之，在中国优秀传统文化的创新发展方面亦是如此。

（四）辩证取舍，古为今用

中国优秀传统文化的延续更新，不是简单的复古，也不是简单的否定，而是坚持以辩证法为指导，采取科学、理性的态度，取其精华、去其糟粕，使中华民族悠久的古代智慧为当代所用。

1. 辩证取舍，是讲传承发展的区别原则

辩证取舍，就是要鉴别传统文化中的精华与糟粕。传统文化内容十分繁杂，既有民族智慧的结晶，也有落后的腐朽思想。即使属于优秀部分的传统文化，也因产生于封建时代，从而具有一定的局限性，有与现代文化、现代社会不相符合的部分，如中华传统美德中的孝道，就具有二重性，精粹与腐朽都存在其中。孝敬父母、尊重老人是我们身为子女的义务与原则，对孝的践行有利于促进家庭和社会的和谐。但产生于封建时代的孝道往往与"忠君"相联系，成为封建统治者进行思想控制的工具。此外，在传统孝道中还有"养儿防老"等一些迂腐的观念，明显与现代社会不相适应，都需要加以鉴别和剔除。因此，对于传统文化的鉴别、取舍是一项十分重要的工作，没有辩证取舍，古代优秀思想的转化创新便失去了根基。

2. 古为今用，是讲传承发展的实践要求

中国优秀传统文化的丰富理念，对于今天具有重要的启示作用。但我们不能将其原封不动地拿来指导当下的实践，必须结合时代发展，将新的时代内涵注入其中。只有结合时代发展，做出新的阐释，才能充分发挥传统文化的价值，指导当下的实践。

（五）博采众长，洋为中用

世界文化的丰富多样必然带来各民族文化之间的交流互动。在经济全球化的背景下，文化交流的深度和广度都明显增强，但文化安全的问题也随即产生，这就要求在传承发展时既要有博采众长的包容胸襟，也要有以我为主、为我所用的警惕性，防止在不平等的文化交流中丧失文化的主体地位和民族特点。

推动我国古代思想文化的更新，需要树立世界性眼光，积极学习其他民族先进的文化成果。从文化自信本身的内涵看，文化自信不是过度自信、唯我独尊、搞自我封闭。清朝自诩天朝上国，盲目排外，实行闭关锁国的政策，切断了中华传统文化与世界文化的交流，使我国因没有掌握新的科学理论而落后于其他发达国家。这段惨痛历史证明了只注重自身的狭隘地域性发展已经成为过去，只有顺应世界文明的大潮，民族文化才能得到永续发展。隋唐时期，我们在文化上采取开放包容态度，融入了不同地域优秀的文化成果，使得中华文化的发展达到鼎盛。因而，中国优秀传统文化的转化创新也需要学习国外文化的长处，同时激活中华文化的生命力，促进其现代化转型。

另外，吸收外来文化也要保持警惕性，学会善鉴，坚持洋为中用。洋为中用就是要批判地看待外国文化，汲取优秀成果为我所用。这要求在面对外来文化时，要挑选精华，摒弃拜金、享乐主义等不良的思想观念。在新民主主义革命时期，鲁迅就曾在其文章《拿来主义》中批判了当时主张全盘吸收的右倾错误取向。如果一个民族只接受外来文化，而不肯定自己民族文化的价值，那这个民族也没有存活的希望，将失去未来。因而，"两创"发展必须坚持中华文化的主体性，有选择地拿外来文化的优点补充中华文化。

（六）坚持以人民为中心的发展思想

文化由人所创，同时文化也在以显性或隐性的方式影响着人。坚持一切为了人民，是马克思主义文化理论的鲜明特色。我们党一直坚持为人民服务的宗旨，将人民的文化需要作为出发点、落脚点。因而，中国优秀传统文化的传承发展必须不断强化大众在文化需求上的收获感、满足感。

首先，要坚持为人民服务的宗旨。支持我们生活的物质和精神资源，不是凭空出现的，是由人类自己在劳动中不断探索，从而产生出来的，并为人类所用。从这个意义上说，社会发展前进的车轮由人类自己推动。无产阶级文化理应把最广大的人民群众视为其服务对象。弘扬中国优秀传统文化是站在民族复兴的伟大战略目标上去说的，新时代文化的传承创新已不再是像封建时期为某种人服务，而是要以人民的利益为重。因而，文化的转化创新要以为人民服务为宗旨，将中国优秀传统文化融入党和人民的事业之中。

其次，要满足人民高品质的精神追求。中国优秀传统文化中的思想观念大多是由生活在中国古代的思想家为了解决当时的社会问题所提出的。时过境迁，如今中国的社会形态已由封建社会发展为社会主义社会，生活在新时代的中国人必然在精神追求上与古人有很大的不同。根据新时代社会主要矛盾转化的重大论断，我国社会主要矛盾已经转化为"人民日益增长的美好生活需要和不平衡不充分的发展之间的矛盾"。主要矛盾的转变说明人民的生活质量有了显著的提高，但随之而来的是人民对于文化产品的数量和质量的要求也越来越高。因而中国优秀传统文化的传承发展要注意到人民精神需求的转变，对传统文化的内涵进行时代性的丰富和提升，将传统文化融入更多的行业概念中，不断满足人民多样化的精神文化需求。

最后，要充分发挥其"人文化成"的功能，将优秀的传统文化理念内化为人们遵循的行为准则。古汉语中的"文化"多指"人文化成"，即以社会伦理道德来教育、感染、熏陶人们，让人们能够遵守社会规范，成为有德之人。马克思主义也认为，人们在创造文化的实践过程中也会"使自己二重化"，体现并提升自己的本质能力。也就是说，人创造了文化，同时文化也塑造了人自身。因而，中国优秀传统文化传承发展要重视教育与实践相结合，强化文化的育人作用和塑人功能。

三、中国优秀传统文化传承创新的基本路径

（一）实现多重教育引导的有机结合

文化的传承与发展终究需要靠一代又一代的青年来推动，因而，实现多重教育引导的有机结合在推动中国优秀传统文化的发展过程中至关重要。在这一教育引导中，不仅需要年轻一代从自身出发，提高自己的文化修养与积淀，注重个人教育，而且也需要家庭、学校与社会教育多管齐下，让更多的青年意识到中国优秀传统文化的魅力所在，让其在传统文化的熏陶之下，自觉承担起传承中国优秀传统文化的重任。

1. 注重个人教育

加强教育引导最先应从个人教育方面入手，青年唯有关注自身，切实提高自己的文化修养，才能更为贴切地了解文化自信的内涵，从而自觉主动地了解中国优秀传统文化。

其一，关注自身文化修养，增强对中国优秀传统文化的认知与了解。在当前这样一个信息大爆炸的时代，广大青年在成长过程中会接受许多不同文化的冲击，这便会直接导致其在面对纷繁复杂的世界时对中国优秀传统文化了解不够深入、认知不够明晰。具体表现为：部分青年对中国优秀传统文化缺乏必要的文化自信，在其他文化的刺激之下，盲目认为中国优秀传统文化是一种过时的文化；部分青年对中国优秀传统文化的认知有碎片化倾向，往往流于表面，对其中所蕴含的深刻思想不曾去挖掘或思考；还有部分青年仅从实用性方面出发，认为中国优秀传统文化无法为其带来显性的用处，从而忽略了传统文化潜移默化的影响力与润物细无声的感染力。在这样的背景之下，广大青年亟须关注并提高自己的文化修养，多渠道了解中国优秀传统文化的宏大内容与隽永思想，能够从文化自信的视野辩证看待中国优秀传统文化的历史地位，提升传统文化的认同感，从内心感受传统文化的魅力所在，摒弃对其碎片化的了解。唯有如此，广大青年才能提高明辨是非的能力，自觉抵制不良文化与思潮的影响，在中国优秀传统文化的熏陶中提高自身的综合素质，自觉成为中国优秀传统文化的传承者。

其二，利用线上线下多种方式了解中国优秀传统文化。首先，积极参与与中国优秀传统文化相关的活动。在文化自信愈发重要的社会背景之下，与中国优秀传统文化相关的活动也愈渐繁多，因而广大青年可以抓住这一时机，多参与宣扬中国优秀传统文化的活动，以便从中得到不一样的人生体验，更为细致地体会中国优秀传统文化的魅力所在。其次，可以通过互联网经常观看一些与中国优秀传统文化相关的节目或纪录片，如《中国诗词大会》《如果国宝会说话》《上新了，故宫》。这些节目以独特的方式为广大受众了解中国优秀传统文化提供了一个全新的视角，打破了人们对传统文化的刻板印象，拉近了传统文化与普罗大众的距离。最后，主动接触与中国优秀传统文化相关的文艺作品。通过阅读相关书籍，广大青年可以从中直接领悟传统文化所传递的价值观；通过欣赏我国古代书法、绘画，可以从中感受传统文化所蕴含的深刻内涵。唯有如此，才能让广大青年更为系统、更为客观地了解中国优秀传统文化。

2. 注重家庭教育

在推动中国优秀传统文化创新发展的过程中，提高个人的文化修养、注重个人教育固然重要，但同时也需要家庭教育的合理引导。家庭教育在一个人的成长过程中有着不可替代的作用，它贯穿人的一生，对大多数人都有不可磨灭的影响，因而，家庭教育的重要性不言而喻。

（1）营造良好家风，传达正确教育理念

家风作为一种看不见、摸不着的隐性形态，一般而言，具有传承性与稳定性。这些特点说明良好的家风对一个人一生的成长都是非常重要的，无论是道德养成方面，抑或是文化修养方面都是如此，这其中便自然包括中国优秀传统文化修养。因而，为了以家庭教育推动中国优秀传统文化发展，家长应努力营造良好的家庭氛围，传达正确的教育理念，将中国优秀传统文化潜移默化地植入孩子的日常生活中，成为其受用一生的智慧法宝。为此，家长需努力提高中国优秀传统文化在家庭教育中的地位，高度重视中国优秀传统文化修养培育问题。就目前而言，一些家庭存在着重视学习成绩而忽略文化修养这一问题，久而久之，便容易造成"唯成绩论"这一现象，同时，部分家长与孩子缺乏必要的沟通，对孩子的兴趣所在也无从知晓，某种程度上便无法完全发挥家庭教育的优势。如此一来，不仅不利于孩子健康心理的养成，而且不利于中国优秀传统文化修养的培育。在如何对待中国优秀传统文化这一问题上，家长的态度便影响了孩子对此的态度，因而，形成良性的代际互动，营造良好的家风，传达正确的教育理念亟须提上日程。

（2）创新家风文化，做好示范作用

家长作为孩子的第一任老师，从孩子呱呱坠地之日起便无时无刻不在影响着孩子的言行举止，因而家长需以身作则、重视言传身教，以点点滴滴的行为习惯影响孩子对中国优秀传统文化的态度与看法。作为一名合格的家长，应努力提高自身的文化修养，或阅读相关典籍，或观看相关节目，不断陶冶自身情操。同时，将中国优秀传统文化植入家风建设中，创新发展家风文化，以适应新时代发展要求。家风所具备的时代性便注定其需不断地创新发展，以便更好地在家庭教育中发挥教化作用；家风所具备的长期性便注定其需要一代又一代人的努力，才能形成较为稳定的思维模式，延续家庭文化与家庭教育。家风文化的创新发展与家长的言传身教都是不可或缺的，两者的相互作用才能更为有力地激发孩子对中国优秀传统文化的兴趣，促使其积极主动地学习中国优秀传统文化，从而提高文化自觉与文化自信，提升文化境界与文化认同。

3. 注重学校教育

学校教育在推动中国优秀传统文化创新发展方面同样不可或缺，学校教育与家庭教育的结合才能取得教育效果的最大化。为此，广大学校既需要在教学内容上做足功课，也需要在师资力量方面下功夫。

（1）优化教学内容，重视课程设置

加强学校教育来推动中国优秀传统文化的创新发展，应选择恰当的传统文化，将其融入课堂教学之中，从而逐步提高学生的传统文化修养。中国优秀传统文化范围广泛，其诸多内容皆可用于课堂教学。以古诗词为代表的传统文学可以提高学生的文学修养，以书法、绘画为代表的传统艺术可以丰富学生的内心世界，历史的不断更迭在时刻培育学生的大局观与家国情怀，古代文人志士的嘉言懿行也在不断激励学生奋发图强。为此，学校在教书育人的过程中，可将中国优秀传统文化作为教学重点，并以学生喜闻乐见的方式教授给他们，必要时可适当借助新媒体手段来实现教学效果最优化。同时，在此基础上，学校教育也应高度重视课程设置，精心开设一些与中国优秀传统文化相关的课程。课程设置需充分考虑学生的认知水平与学习能力，分学科、分阶段地逐步推进，切不可搞一刀切，也不可毫无重点地盲目推进。这样的做法既能够有效避免传统文化的碎片式学习，充分保证学生对传统文化有一个较为系统完整的了解，也是对学校传统教育的有益补充。

（2）提高师资力量，开展文化活动

教师的职业特殊性使得其综合素质与文化修养会直接影响学生对中国优秀传统文化的看法。如果教师本人对传统文化了解不够深入，那么便很难让学生发自内心地喜爱中国优秀传统文化。因而，学校教育在提高学生传统文化修养的过程中，应高度重视师资力量的培养，一方面要不断加强对教师的传统文化修养培训，另一方面也需通过恰当的方式检验教师的传统文化修养培训成果。这两者相互结合才能最大程度提高教师的传统文化修养，提高师资力量。同时，教师本人也应根据时代发展要求主动学习中国优秀传统文化，并在实际教学过程中将之与课本内容融会贯通。

此外，学校也应大力开展与中国优秀传统文化相关的课外活动，让广大学生在学习之余能在实践中感受中国优秀传统文化的魅力。例如，学校可举办文化讲座，邀请传统文化相关领域的名人为学生进行讲解；可举办相关的知识竞赛，号召广大学生积极参与；可举办传统文化节，定期为学生普及各类传统文化知识。这些文化活动都是为了促使学生进一步增强文化自信，提高对中国优秀传统文化的喜爱程度，从亲身体验中增强中国优秀传统文化的认同感与自豪感。

4. 注重社会教育

在新时代的背景之下推动中国优秀传统文化创新性发展，除了个人教育、家庭教育与学校教育之外，还有一个重要关注点便是社会教育。从个人维度而言，社会教育有利于激励广大青年自觉主动学习中华优秀传统文化；从社会维度考虑，社会教育有利于构建学习型社会，营造良好的传统文化学习氛围，从而提高文化自觉与文化自信。强化社会教育，可从宏观层面与微观层面入手，两者的有机结合才能将社会教育的影响力与感染力最大化。

（1）宏观层面，注重舆论导向

社会教育主要是通过社会教化的方式来实现的，不同的文化资源、生活方式会造就不同的群体。宏观层面的社会教育主要包括整个国家和社会的意识形态和核心价值观念，涉及社会政治、经济、法律、文化、社会生活方式等，它是国家和社会从宏观层面提供给青少年发展的一种累积性的效应。

每一个个体都在时刻接受着社会教育所带来的濡化与影响，因而从宏观层面考虑社会教育便要时刻注意其导向性作用，让广大民众获取有利于中国优秀传统文化发展的信息，稳稳把握舆论导向，充分发挥舆论成风化人、润物无声的作用。尤其在当下信息纷繁的时代，社会教育更应如此，加大新闻媒体宣传中国优秀传统文化的力度，对发扬中国优秀传统文化的模范加以褒奖，从而形成良好的舆论导向。

（2）微观层面，营造文化氛围

由于城乡之间、东西部之间存在经济差距，各地的教育资源与教育设施也不尽相同，因而每一个个体所处的文化氛围与文化环境也存在较大差异，为此，从社会教育微观层面上推动中国优秀传统文化发展，便要十分注重文化氛围的营造。以博物馆、天文馆、纪念馆、图书馆等为代表的社会教育载体能够为广大民众提供独特的文化体验，让身处其中的参观者获得身临其境之感，对于营造良好的传统文化学习氛围有着非同一般的影响力。

（二）创新中国优秀传统文化表现形式

优秀传统文化可以充实人们的精神世界，满足情感与价值需要，但是如何高效且全面体验和学习优秀传统文化则是优秀传统文化创新发展的关键。

一方面创造特殊空间，人们可以沉浸式体验优秀传统文化。结合现代科技手段，群众不但可以在仿古建筑中渲染优秀传统文化氛围，引领人民群众沉浸式直接体验，创新场景赋予了全新的文化体验，寓情于景体味人文情怀的意蕴。

因此，建造沉浸式体验的文化设施，如在文字博物馆内设置一些活字印刷或造纸的体验活动，在建筑博物馆内带领人们体会榫卯建构的乐趣等，在行动中领悟优秀传统文化的精髓，充分调动群众的创造性和积极性。文化体验和文化创造相得益彰，以设置体验活动的方式激发主体的创造力，在满足自身的文化需求和文化自信的过程中增强中华民族文化力量。

另一方面要将优秀传统文化融入新时代现实生活中去。将中国优秀传统文化渗入现实生活有助于增强民族共同体的文化认同，同构的现实生活是构成文化共同体的基础。将中国优秀传统文化内核渗入社会伦理中,烙印在民族基因里,形成独特的文化身份;同时加快文化消费新产品推陈出新的步伐以满足现实需求。随着时代进步,人们出行旅游不再是简单地欣赏沿途风光,更多的则是品味异域风俗,领悟当地特色优秀传统文化以满足精神需要。因此,做好文旅融合则成为活化优秀传统文化的有效手段之一。

(三)创新中国优秀传统文化传承的方法

如今,加快推动中国优秀传统文化"走出去",并在世界文化体系中占有一席之地至关重要。中国优秀传统文化传承的方法既要继承传统,也要推陈出新,将中国优秀传统文化传递到世界各地,以提升中国在国际社会中的话语权。

1. 创新故事形态,建立互动机制

在高科技信息时代生产和制造的文创产品要契合现代人的需求,同时也要注重实用性。现代人不仅对文创产品有着装饰和收藏的要求,而且有精神和享受方面的追求。

一方面,文化工作者在设计文创产品时需注重创新故事形态,围绕传统文化设计特定的故事内容,并通过独具一格的设计理念赢得公众的认可。此外,中国优秀传统文化的传承应该包含互动分享的实现途径。在具体的故事形态中要注重用户之间的交流和互动,为其营造融洽的欣赏气氛,让用户在获得良好感官体验的同时达到身心的和谐共处。这样做不仅有利于受众群体之间互相交流和沟通,而且有利于促进文创产品自身的革新和完善。

另一方面,要注重对用户体验的反馈信息进行收集、归纳和整合,并进一步针对受众群体的价值取向和兴趣所在对反馈信息进行调整和优化。文化作为思想认识层面的内容,只有不断加强实践探索的步伐,才能将其真正融入生活之中。在实践过程中，不但可以检验已取得的文化成果，而且可以进一步优化和丰富中国优秀传统文化的内容，不断为其注入新鲜血液。在实践出真知的同时也为进一步打造良好的用户体验奠定基础，为促进新故事形态的建立和互动效果的呈现提供帮助。

2.采取引发共鸣的叙事方式和话语方式

当前，文化霸权主义和国际局势动荡不安的局面正在削弱中华传统文化的影响力。我国文化发展的迫切任务就是在国际上获得更多的话语权，宣传和巩固社会主流意识形态，并采取引发共鸣的方式让优秀传统文化更具时代性和大众化，以实现对中国优秀传统文化的传承。

一方面，针对当下社会热点问题引发关注，要站在普通大众的角度去设计故事，提升故事的可读性、可信性和可感性，以便于在读者群体中引发共鸣。调查研究得出，共鸣的产生有助于民众情感的维系，有助于加深对新文创的理解和接受，也有助于发挥自主创造的积极性和主动性，并进一步实现中国优秀传统文化感染力的优化。

另一方面，立足于创新故事话语表达，注重对传统价值观的传承和发展，让中国优秀传统文化富有现代感和生命力。加快对中国优秀传统文化的继承和发展，让新文创真正发挥其独特的影响力和生命力。加强对中国优秀传统文化的引导，在引导中融入思想政治教育内容，使之形成独具中国风格和中国气派的文化话语体系。构建一个贴近实际、贴近生活、贴近群众的全方位网络思想政治教育体系，以思想的智慧、文化的力量和人格的魅力来教育、感召和吸引网络在线民众。

3.实现民族文化资源的大众化创新

我国是由五十六个民族共同组成的统一的多民族国家，每个民族都有自己独特的物质文化和精神文化标识。新文创视域下对中国优秀传统文化的传承和弘扬离不开对各民族文化的继承和保护,对各民族文化进行新时代文化创意产品的研发和宣传不仅可以保护多样的民族文化,而且可以加强各个民族之间的交流和融合。通过使用个性化和本土化的语言,拉近与受众之间的距离,达到良好的传播效果,在一定程度上对巩固民族团结、维护国家统一和构建社会主义文化强国具有重要的作用。此外,独一无二的地域特色文化也使中华文化博大精深,源远流长。将独具地域特色的中国优秀传统文化通过新文创转化成为中国人民熟知的民族文化,加深对民族文化的培育和认识,同时培育自身的民族自豪感和自信心。例如,陕北文化中的剪纸体现了广大民众的社会认知、道德观念、实践经验和审美情趣等多重内容。陕北剪纸文化是陕北人对生活具体、真实的写照,展现了劳动人民的智慧和勤劳,同时也把对生活的朴素愿望借由剪纸传达出来。

4.与媒介平台合作,助力推广中国优秀传统文化

对于传承和弘扬中国优秀传统文化,与媒介平台合作加快传统文化"走出去"战略步伐,主要有以下几个方面:第一,要站在一个客观的角度分析和运用中国优秀传统文化中的优质文化资源,并将文化资源嫁接到新文创这趟文化创意快车,加快对中国优秀传统文化的创造性转化和创新性发展,并以世界性的眼光创造和开发更多文化创意产品,以满足多种需求。第二,加大宣传力度,充分利用媒体平台将独具中国魅力的传统文化推广到世界各地,加快中国建设文化强国的步伐。同时,也要从实际出发拓展传承中国优秀传统文化的渠道,合理利用国际和国内知名度较高的网络媒体平台,帮助提高传统文化的相关话题,构建全面、整体、细化的媒体格局。第三,开展中国文化与世界文化的合作交流,并实现在合作中谋发展、在发展中促合作。中

国传统文化之所以能够绵延数千年而不间断就是因为其强大的生命力和兼收并蓄的独特魅力。让中国优秀传统文化与世界文化在新的时代节点共同展现各自独特的文化魅力，可以增强民族文化的自信心。

（四）加强中国优秀传统文化传承保障机制建设

保障中国优秀传统文化传承，主要是从对媒体传播进行监督和管理、创意人才结构合理化和管理科学化并存、政府及企业助力文创产业发展和保护文创产品的知识产权四个方面入手，在体制机制建设上加强保障。

1.对媒体传播进行监督和管理

众所周知，媒体作为文化传播的主要途径在文化传承和弘扬的过程中发挥着不可替代的作用。文化传承机制的革新，重在治理效能的提升。

对媒体传播进行监督和管理要从两方面入手：一方面是从信息源头采取措施。政府成立相关部门对媒体网络的源头进行检测和筛选，把不合理的或者不利于传播客体的内容剔除，充分保证传播内容的有效性和实用性。同时，要针对未成年人群体实施重点保护，确保其接受的传播内容符合正确价值观的需要。另一方面，从接收末端把控传播内容。在传播过程中往往会掺杂很多不良信息，这就给传播速率和效果带来了很大影响，造成个别接受群体分辨信息的能力减弱，影响媒体传播的有效性。从接收末端进行监督和管理会大大提升文化产品传播的效率，促进文创事业和文创产业的兴起和发展。总之，对媒体传播进行监督和管理要双管齐下，不仅要从传播源头阻断不良信息的来源，而且要对接收末端进行严格把控，这样既有效地提升了传播速率，同时也为传播的有效性提供了良好保证。

2.创意人才结构合理化与管理科学化并存

发挥创意人才对于传承新文创视域下中国优秀传统文化的主导作用，不仅可以保证人民群众多样性文化需求的实现，而且可以进一步丰富人民群众的精神生活。其中，创意人才作为表现人民群众主体地位的代表人物，对传承传统文化有着重要的作用。

第一，对创意人才的管理要始终坚持党在文化意识形态领域的领导地位，切忌过度夸大文化多元化和多样性。有针对性地对加大人才培养力度和扩大培养范围，形成一支专门的技术性创意人才队伍。

第二，对创意人才的管理要从实际出发，对创意人才实施科学化管理。加强人才之间的交流和沟通，重视对创意人才的管理和培育。

第三，整合设立相关部门，为文化创意人才设立奖励资金，极大地调动创意人才的创作积极性，并对参加各类高端创意比赛或者获得相应奖励的创意人才给予精神奖励和物质奖励。根据其研究方向和内容进行分类，这样不仅便于管理，同时也大大加快了创意人才之间有效的合作。

第四，充分发挥党、政府和行业组织在文化监管中的主导作用，采取由"显性"转向"隐性"的管理手段。通过建立文化预警机制，努力营造人性化的文化生态，使网络平台成为引导社会热点、疏导公众情绪的"防火墙""安全阀""减震器"。

3. 政府及企业助力文创产业发展

随着社会范围内文创产业如雨后春笋般出现，政府部门在文创产业的规范性和有效性管理方面扮演的角色尤为重要。

一方面，政府要积极引导，为文化创意产业保驾护航。一是政府有针对性地调查市场情况，具体出台政策措施，发挥推动、支持和保护的作用，进一步扩大中华优秀传统文化在全社会范围内的传播，推动我国优秀传统文化走出国门、走向世界。二是政府要大力发展公益性文化事业，增加对社会公益性文化事业的投入,并给予相应的政策支持,在兼顾社会效益和经济效益的同时要满足广大人民群众对文化的多样性需求。三是要不断发挥政府的公共服务职能,优化社会公共服务,加大公共文化服务的力度与广度。在充分发挥好公益性文化事业作用的前提下,在社会上形成良好的文化生态环境,为社会公众营造和谐美好的文化生活氛围。

另一方面,有关企业应充分发挥各自在行业内的领导和带头作用,打造优质的、高端的文化产品。此外,根据文化市场的自发性和多变性及时调整企业的商业定位、目标受众、产品方案和营销策略等,开拓新的市场领域,实现中国优秀传统文化的数字化转变和创意化转型,为传承中国优秀传统文化提供可行性方案。

4. 保护文创作品的知识产权

文化创意产业是以知识产权为核心的提供精神产品的生产和服务产业。知识产权保护作为权益保护的共识,成为文化创意产业发展中所面临的最为棘手的问题。近两年来,文创产业的发展引发了业界的持续关注,同时也加强了对知识产权的保护力度。

第一,加快建立与知识产权保护权益相关的专项资金。政府及其管理部门通过成立知识产权保护中心,要做到对专项资金的全程监测、实时管理和有效支配,做到支持和引导资助创新,为文化创意企业和个人提供知识产权相关方面的保护。

第二,切实保护知识产权,建立知识产权服务平台。可在个别区域开展知识产权试点率先示范,集中开展知识产权密集型产业研究,大力推动创新要素向其靠拢。学校或企事业单位在学校或本单位内开展创意设计大赛,激发社会公众和学生的主动创新能力,并带动更多的人参与其中。

第三，引导文化创意企业建立知识产权管理制度，进一步健全和完善知识产权相关法律体系。政府通过统一采购、合理控制预算、特殊补贴保护等形式为文化创意产业的发展提供优质的专业配套服务。

第二节　中国优秀传统文化的展望

一、不忘本来

（一）继承传统，充分挖掘传统文化精华

顾名思义，不忘本来首先要做到的便是充分挖掘中国优秀传统文化的精华所在。5000多年文明历史孕育而成的中国优秀传统文化，从唐诗宋词到明清小说，从诸子百家到四大发明，从琴棋书画到古玩器物，都为我们坚定文化自信提供了深厚的基础。然而，并非所有的传统文化都有利于推动文化强国的发展进程，依然还有一些传统文化碍于时代发展要求而与当今社会格格不入。为此，需要以辩证的态度看待传统文化，对于那些至今仍有重要价值的传统文化，要合理地加以继承，充分挖掘其中仍有借鉴意义的思想与内容，对于那些不符合时代发展潮流的传统文化则要采取相反的态度，即加以剔除。充分挖掘传统文化中的精华不仅是时代发展的必然要求，也是基于现实所做出的正确抉择。

（二）推陈出新，充分发挥传统文化优势

仅仅挖掘传统文化的精华是远远不够的，还需要将其优势充分发挥出来，这同样是一个值得深思的问题。为此，需要从以下两方面入手，一方面是加

强宣传，让广大民众认识到传统文化的价值。加强宣传的重要性不言而喻，在宣传中国优秀传统文化的过程中，不仅要注重宣传方式的与时俱进，通过广大民众喜闻乐见的方式进行宣传，适应当下人们的生活习惯与方式，也要注重宣传载体的充分利用，这其中既包括物质性文化载体，也包括非物质性文化载体。另一方面，则是将优秀传统文化与当下的时代发展相结合。中国优秀传统文化的发展还需要和时代发展同步。诸多传统文化虽说在如今依然熠熠生辉，但是碍于各种因素的限制，其影响力终究有限，因而在"不忘本来"的过程中，尤其需要注意将其以一种全新的面貌呈现出来。例如，《上新了，故宫》便是结合时代特点所推出的一档原创类文化节目，它不仅加深了人们对故宫的了解，而且也通过文化创意衍生品开启了传统文化发展的新模式。

二、吸收外来

吸收外来便是指通过各国各民族文化之间的交流互鉴，合理吸收世界各国的优秀文化成果，使得中国优秀传统文化在文化经济全球化的过程中始终占据一席之地，从而提高中国优秀传统文化的感召力与影响力。

（一）交流互鉴，洋为中用

在漫漫的历史长河中，不只中华民族形成了本民族的文化特色，世界各国都创造了本民族的璀璨文化。无论是诗歌、绘画，还是文学、建筑，由于生活方式、地理环境等诸多因素的影响，不同民族形成了不同的文化风格。随着各民族文化之间的交流互鉴不断深入，中国优秀传统文化需要抓住这一历史性时机，不断吸收融合其他民族的文化精华，并进行辩证的取舍，如此一来，方能有效推动中国优秀传统文化与外来文化的融合互鉴。"洋为中用"这四个字的核心便在于"用"，因而明辨哪种外来文化可供借鉴、哪种外来文化需要摒弃是极为重要的，这是践行"洋为中用"的关键所在。如若不加区分地全盘吸收，那么便容易造成水土不服，从而出现适得其反的现象。此外，在明晰这一问题的基础之上，更要明确如何将外来文化与中国优秀传统文化相融合，采取恰当的方式将两者融合，这样便既能充分吸收外来文化的优势与价值，又能大大提高中国优秀传统文化的生命力，为其注入新鲜血液。

（二）以我为主，为我所用

"以我为主"便是要始终站在本国的立场上，推动本民族文化的发展，切勿盲目跟风。无论是面对我国的传统文化，还是吸收外来文化，都要"以我为主"，将其与本国的文化发展特点相融合，使其成为我国优秀传统文化发展的重要推动力。

此外，吸收外来文化的目的终究是"为我所用"，因而切不可将这一主次顺序颠倒。纵观诸多外来文化，美国在电影、音乐方面的成就享誉世界，独特的风格加之强大的经济实力使其在文化经济全球化的浪潮中独树一帜；日本的动漫产业因其清新治愈的风格同样成为其文化输出的重要标签；韩国则以韩剧作为其文化产业的重要窗口。这些国家的文化发展都有一个共同特点，那便是巧妙地结合了本国的文化特色，并将这一优势充分发挥出来。中国优秀传统文化的创新发展也需将此作为重要经验，形成本民族的文化特色。

三、面向未来

面向未来与不忘本来、吸收外来都是推动中国优秀传统文化创新发展的重要方针，也是提高文化自信的重要途径，三者没有主次之分，互为补充，互相作用。新时代背景之下，面向未来，便是要将文化发展同中华民族伟大复兴牢牢结合，为推动社会主义文化强国进程添砖加瓦。只有面向未来,才能为中国优秀传统文化的创新发展提供既定的方向,使其按照历史发展规律循序渐进向前发展,不断创新,始终保持生命力与活力。只有面向未来,中国优秀传统文化才能有一个更为显性和具体的发展目标,推动其朝着思想性、艺术性、观赏性有机统一的方向发展。面向未来是中国优秀传统文化创新性发展的题中应有之义,在新时代背景之下显得尤为突出与重要。

面向未来,便是要大力坚持文化创新。不忘本来、吸收外来固然重要,然而这些举措都是为了更好地与时代发展同步,使得中国优秀传统文化的内容更加广泛、意蕴更加深刻,能够更为适应当下的社会发展,更好地面向未来。因而,推动中国优秀传统文化创新性发展需大力坚持文化创新,使其始终保持生命力与先进性。中国优秀传统文化的面向未来,需将传统文化建设与实现中华民族伟大复兴的中国梦相结合。这样的举措不仅是为了满足人民群众日益多样的精神文化需求,而且是为了让中国优秀传统文化的感染力与影响力最大化。文化创新不应只是一味地止步于继承传统文化精华,也不能盲目地受外来文化的影响而产生文化自卑之感,创新二字意味着中国优秀传统文化的面向未来要将目光放得更为长远。

此外,中国作为一个负责任的国家,优秀传统文化建设的面向未来也不能只是为了推动本国发展,还要为人类命运共同体的发展做出贡献,将优秀传统文化与人类命运共同体的发展有机结合,如此一来,才能更好地推动中国优秀传统文化建设面向未来的进程。

四、走向世界

由于近代生产力的发展,每个国家的商业行为都不能脱离其他国家。正是因为如此，世界各国被紧密地联系在一起，相互之间的依赖性在增强。经济全球化是世界发展进程中的必然结果。因此，从世界历史发展的趋势上看，让中国优秀传统文化"走出去"是其传承发展的必然选择。

首先，要在坚守中国优秀传统文化主体性的基础上博采众长，借鉴国外先进文化。人类文化是特殊性和普遍性的统一、民族性与世界性的统一。经济全球化的趋势虽然不可阻挡，但每个民族自身的特点不应该就此消失。因而，在与世界文化的交流互动中，一方面中国传统文化依然要保持自身的独立性、自主性，不能用"世界文化"来否定、代替"民族文化"；另一方面，取长补短一直是我国传统文化特有的品质，中国传统文化也不能自我封闭，必须在时代的风云变幻中汲取新鲜的血液。唯有如此，中国才能继续以昂扬的姿态阔步向前。

其次，讲好中国传统文化故事是中国优秀传统文化"走出去"的重要内容。我国古代思想观念内涵丰富，具有深刻的哲理，对于中国和世界来说都是难能可贵的精神智库。讲好中国传统文化故事，不仅有利于塑造良好的中国形象，向世界展示我国古代卓越思想的精髓，同时也为解决人类共同难题提供智慧借鉴。中国优秀传统文化的智慧起源于中国，但属于全人类。讲好故事，一是要注重概念的总结，创建中国对外话语体系。在立足中国传统文化和精神特质的基础上，以包容的心态学习外国的语言风格和生活习惯。二是要加强传统文化对外传播的能力。在传播内容上，讲好中国故事、传递中国声音就必须考虑外国友人的生活习惯以及他们想问题的方式，以经济全球化的眼光挑选中国传统故事素材，以便更容易得到外国民众的接受和认同。在传播主体上，不仅需要专业化、强有力的传播队伍，而且需要各领域、各层次的人都参与到中国传统文化故事的传播中。在传播媒介上，顺应互联网思维，运用高级的载体，从而加大对外传播的力度。三是要提升我国的翻译水平。中国优秀传统文化经典著作往往带有隐喻，很难在西方语言中找到合适的词对应，会影响外国受众的理解。这需要从国家层面就加大重视，联合翻译家、传统文化专家、语言学家一同研究如何将中国概念翻译得更好，更容易让外国人理解。

最后，拓展多元化渠道是中国优秀传统文化"走出去"的出路。文化交流渠道是多元的。中国传统文化在国外传播的渠道主要包括孔子学院、唐人街等。而孔子学院是更为系统、专业的途径，其多样化的教学模式吸引了很多外国友人，可以让他们亲身感受中国文化的魅力。在今后孔子学院的建设中，要继续探索多样的办学模式，培养更多高水平的国际汉语教师，在教学上，不能仅限于满足好奇心、新鲜感的阶段，更重要的是要传播中国优秀传统文化的内在特质与精神气韵。

另外，"一带一路"建设也为我国古代优秀思想文化的传播搭建了便利平台。未来，通过"一带一路"，我们会有更多的机会与共建国家进行文化交流，把更多丰富、优秀的文化资源带给他们。同时，也可以建立健全展览馆、艺术馆、美术馆等基础设施，邀请外国友人来中国做客，感受中国优秀传统文化的魅力。除此之外，媒体也可以通过网络介绍中国的历史古迹，向世人展示中国优秀传统文化。只有通过多种形式的展示，世界各国各民族才能更加了解中国优秀传统文化的特点，中国优秀传统文化才能实现国际化发展。

参考文献

[1] 金琪.中和育人：浸润中华优秀传统文化的德育探索[M].上海：上海教育出版社，2017.

[2] 向亚云，景扬，王溪明.建设好家风：传承中华优秀传统文化[M].北京：中国言实出版社，2017.

[3] 张绍元，李晓慧.文化自信：中华优秀传统文化核心思想理念读本[M].北京：中国言实出版社，2017.

[4] 梅柳，李霞芬.守望精神家园：礼敬中华优秀传统文化[M].湘潭：湘潭大学出版社，2017.

[5] 马文章.根之情：中华优秀传统文化在实践中的应用[M].北京：新华出版社，2017.

[6] 周妮.探索与传扬：从中国优秀传统文化中培养大学生人文素养[M].北京：北京理工大学出版社，2018.

[7] 刘明洋.转化与发展：走进新时代的中华优秀传统文化[M].济南：山东人民出版社，2018.

[8] 韩晓燕.新媒体环境下优秀传统文化传播机制研究[M].北京：经济日报出版社，2019.

[9] 赵坤.中华优秀传统文化当代价值[M].桂林：广西师范大学出版社，2019.

[10] 黄惠. 优秀传统文化在高校思想政治教育中的实践应用 [M]. 沈阳：东北大学出版社，2019.

[11] 年仁德，戴淑贞，杨麦姣. 高校中华优秀传统文化教育的设计与规划 [M]. 北京：知识产权出版社，2019.

[12] 亓凤香. 中华优秀传统文化融入思政课教学研究 [M]. 长春：吉林大学出版社，2020.

[13] 李欢，张杰，曾菊. 中华优秀传统文化与青少年教育研究 [M]. 长春：吉林大学出版社，2020.

[14] 崔锁江. 中华优秀传统文化融入高校思想政治理论课研究 [M]. 芜湖：安徽师范大学出版社，2021.

[15] 张星，李菊梅. 中华优秀传统文化视野中的艺术、设计与非遗 [M]. 昆明：云南大学出版社，2021.

[16] 赵雯. 新媒体视阈下传统文化价值和意义的传承与创新 [J]. 新媒体研究，2018，4（22）：116-117.

[17] 马宁. 优秀传统文化价值的实现路径 [J]. 中学政治教学参考，2019（34）：81.

[18] 张敏，叶琦. 发掘·转换·创新：中华优秀传统文化价值审视 [J]. 长江丛刊，2019（34）：29-31.

[19] 朱晓虹，张应杭. 新时代开掘中华优秀传统文化价值以增强文化自信的若干思考 [J]. 马克思主义文化研究，2019（1）：173-174.

[20] 刘利. 高校思想政治教育中优秀传统文化价值的缺失与构建 [J]. 北华大学学报（社会科学版），2020，21（6）：134-139，156.

[21] 方兰欣，陈慧敏. 优秀传统文化价值体系时代性转化的目标、原则与路

径[J].知与行,2020(4):74-81.

[22] 刘晶.中华优秀传统文化的时代价值与弘扬路径[J].山西高等学校社会科学学报,2021,33(6):56-59,72.

[23] 郭威.中华优秀传统文化的时代价值与传承路径[J].文化学刊,2021(11):171-174.

[24] 王炳林,李盖启.马克思主义同中华优秀传统文化相结合的时代价值[J].教学与研究,2021(11):22-29.